KB122207

The Japanese Language

Vision 일본어 (하)

-문법에서 회화까지 기초 다지기-

김태광 · 구니사다 유타카 공저

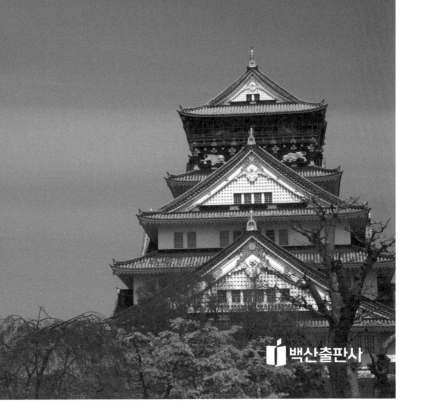

백산출판사

　　일본어 공부에서 제일 중요한 것은 처음 가졌던 흥미를 잃지 않고 재미있게 끝까지 꾸준히 공부하는 것이라 할 수 있겠지요.

　　이 책은 일본어를 재미있게 차근차근 체계적으로 공부하려는 사람들을 위해 만들어진 일본어 학습교재입니다. <상편>에 이어서 본 <하편>에서도 계속해서 일본어 입문에 필요한 기초단어, 문법, 독해를 습득해 나가도록 하고 일본어회화와 문형·독해·실전연습이 가능하도록 배려하였습니다.

　　그리고 학교생활에서 실제회화가 가능토록 각 과마다 <교실일본어>와 일본문화와 관련된 <일본속담 & 명언>을 수록하여 학습자의 학교 실생활 회화와 일본문화의 이해도를 높일 수 있도록 하였습니다.

　　또한, 마지막의 제11과, 제12과에는 유명한 일본의 옛날이야기인 '잇슨보시(엄지동자)'와 '모모타로(복숭아도령)'를 배치하여 이제까지 배운 지식을 활용해서 재미있게 동화를 읽어 볼 수 있도록 하였습니다.

　　모쪼록 이 책으로 공부하시는 여러분들은, 일본어에 대한 흥미와 자신감을 가지시고 꾸준히 일본어를 공부하시어, 일본어를 통한 자기발전과 많은 유익한 정보 습득, 그리고 인생의 성공을 거두기 위한 전진을 계속해 나가시기 바랍니다.

　　끝으로 이 자리를 빌어 본문 작성에 도움을 주신 나카노 치카 선생님에게 감사의 인사를 전합니다.

저자 일동

3

이 책의 구성 및 특징

▶ **체계적인 일본어 기초학습교재**

▶ **각 과마다 목표달성을 위한 7단계 과정 설정**

첫 번째 페이지는 【본문】으로 본문과 단어 습득

두 번째 페이지는 【해설】로 기본문형과 문법 습득

세 번째 페이지는 【회화연습】으로 기본회화 연습

네 번째 페이지는 【문형연습】으로 기본문형 연습

다섯 번째 페이지는 【독해연습】으로 기본독해 연습

여섯 번째 페이지는 【실전연습】으로 본문 테마학습과 본문 회화·작문 연습

일곱 번째 페이지는 【교실일본어】로 실전회화 습득하고

【일본속담&명언】으로 교양과 일본문화, 일본어 습득

▶ **기본회화, 기본어휘, 기본문법, 기본독해, 일본문화 등 일본어 기초를 다지는 데 충실**

차례

7

히라가나/가타카나 표

✔ 오십음도(五十音圖) 표(清音)

	あ 단	い 단	う 단	え 단	お 단
あ 행	あ ア あい 사랑	い イ いえ 집	う ウ うえ 위	え エ え 그림	お オ あお 파랑
か 행	か カ かき 감	き キ き 나무	く ク きく 국화	け ケ いけ 연못	こ コ こえ 소리
さ 행	さ サ あさ 아침	し シ しか 사슴	す ス すいか 수박	せ セ あせ 땀	そ ソ うそ 거짓말
た 행	た タ たけ 대나무	ち チ ちち 아빠	つ ッ つき 달	て テ て 손	と ト とけい 시계
な 행	な ナ なし 배	に ニ あに 형, 오빠	ぬ ヌ いぬ 강아지	ね ネ ねこ 고양이	の ノ のり 김

	あ단	い단	う단	え단	お단
は행	は ハ はは 엄마	ひ ヒ ひこうき 비행기	ふ フ ふね 배	へ へ へや 방	ほ ホ ほんだな 서가
ま행	ま マ くま 곰	み ミ みみ 귀	む ム むし 벌레	め メ め 눈	も モ くも 거미
や행	や ヤ やま 산		ゆ ユ ゆき 눈		よ ヨ よなか 한밤
ら행	ら ラ そら 하늘	り リ りす 다람쥐	る ル くるま 자동차	れ レ れっしゃ 열차	ろ ロ ろば 당나귀
わ행	わ ワ わたし 나				を ヲ ゆめを みる 꿈을 꾼다
받침글자	ん ン ㅇ, ㄴ, ㅁ にほんご 일본어				

✔ 히라가나 탁음(濁音) 표(청음+ﾞ)

が 가 ga	ぎ 기 gi	ぐ 구 gu	げ 게 ge	ご 고 go
めがね 안경	かぎ 열쇠	かぐ 가구	げんかん 현관	たまご 달걀
ざ 자 za	じ 지 zi	ず 즈 zu	ぜ 제 ze	ぞ 조 zo
ざしき 손님방	そうじ 청소	すずめ 참새	かぜ 바람	ぞう 코끼리
だ 다 da	ぢ 지 zi	づ 즈 zu	で 데 de	ど 도 do
くだもの 과일	はなぢ 코피	つづき 연결	でんわ 전화	こども 어린이
ば 바 ba	び 비 bi	ぶ 부 bu	べ 베 be	ぼ 보 bo
かば 하마	えび 새우	ぶた 돼지	くちべに 립스틱	ぼうし 모자

✔ 가타카나 탁음(濁音) 표

ガ ga	ギ gi	グ gu	ゲ ge	ゴ go
ガム 껌	ギター 기타	グラス 컵	ゲスト 손님	ゴルフ 골프
ザ za	ジ zi	ズ zu	ゼ ze	ゾ zo
ザボン 자몽	ジーンズ 바지	ズボン 바지	ゼロ 영	ゾーン 지역, 존
ダ da	ヂ zi	ヅ zu	デ de	ド do
ダイヤル 다이얼	―	―	デザート 디저트	ドア 문
バ ba	ビ bi	ブ bu	ベ be	ボ bo
バナナ 바나나	ビール 맥주	ブラシ 브러시	ベルト 벨트	ボー 공

✔ 히라가나 반탁음(半濁音) 표

ぱ 파 pa	ぴ 피 pi	ぷ 푸 pu	ぺ 페 pe	ぽ 포 po
かんぱい 건배	えんぴつ 연필	きっぷ 표	ぺこぺこ 꼬르륵	しっぽ 꼬리

✔ 가타카나 반탁음(半濁音) 표

パ pa	ピ pi	プ pu	ペ pe	ポ po
パンツ 팬츠	ピアノ 피아노	プール 수영장	ペンギン 펭귄	ポスト 우체통

✔ 히라가나 요음(拗音) 표(い단(段) + 작은 ゃ·ゅ·ょ)

きゃ 캬 kya	きゅ 큐 kyu	きょ 쿄 kyo
しゃ 샤 sha	しゅ 슈 shu	しょ 쇼 sho
ちゃ 챠 cha	ちゅ 츄 chu	ちょ 쵸 cho
にゃ 냐 nya	にゅ 뉴 nyu	にょ 뇨 nyo
ひゃ 햐 hya	ひゅ 휴 hyu	ひょ 효 hyo
みゃ 먀 mya	みゅ 뮤 myu	みょ 묘 myo
りゃ 랴 rya	りゅ 류 ryu	りょ 료 ryo

ぎゃ 갸 gya	ぎゅ 규 gyu	ぎょ 교 gyo
じゃ 쟈 ja	じゅ 쥬 ju	じょ 죠 jo
びゃ 뱌 bya	びゅ 뷰 byu	びょ 뵤 byo

ぴゃ 퍄 pya	ぴゅ 퓨 pyu	ぴょ 표 pyo

✔ 가타카나 요음(拗音) 표

キャ kya	キュ kyu	キョ kyo
シャ sha	シュ shu	ショ sho
チャ cha	チュ chu	チョ cho
ニャ nya	ニュ nyu	ニョ nyo
ヒャ hya	ヒュ hyu	ヒョ hyo
ミャ mya	ミュ myu	ミョ myo
リャ rya	リュ ryu	リョ ryo

ギャ gya	ギュ gyu	ギョ gyo
ジャ ja	ジュ ju	ジョ jo
ビャ bya	ビュ byu	ビョ byo

ピャ pya	ピュ pyu	ピョ pyo

1 과 アルバイトをしたことがありますか

아르바이트를 해본 적이 있어요?

会話 1

金　　：田中さんはアルバイトをしていますか。

田中　：ええ、しています。コンビニでアルバイトをしています。金さんは？

金　　：私はまだ一度もしたことがありませんが、アルバイトをしながら、勉強するのは大変でしょうね。

田中　：ええ、毎日いそがしくて本当に大変なんです。とくに勉強する時間がありません。

アルバイト：아르바이트　　　～ている：～하고 있다(진행이나 상태를 나타냄)　　　コンビニ：편의점

一度(いちど)：한 번　　　～たことがある：~한 적이 있다　　　～ながら：~하면서　　　勉強(べんきょう)：공부

大変(たいへん)だ：힘들다　　　いそがしい(忙しい)：바쁘다　　　本当(ほんとう)に：정말로

それに：게다가, 그리고

会話 2

金　：夏休みは何をしますか。

田中：アルバイトをしたり、買い物をしたり、旅行に行った
　　　りします。

金　：田中さんは旅行が好きですか。

田中：ええ、大好きです。

金　：ソクチョへ行ったことがありますか。

田中：いいえ、あそこはまだです。

金　：旅行するなら、ソクチョがいいですよ。山や海がき
　　　れいなので、行ったほうがいいですよ。

田中：そうですか。ぜひ行きたいですね。

夏休み(なつやすみ)：여름방학　　買い物(かいもの)：쇼핑　　旅行(りょこう)：여행　　行く(いく)：가다

大好(だいす)きだ：대단히(정말) 좋아하다　　ソクチョ：속초　　~なら：~라면　　いい：좋다

まだ：아직　　山(やま)：산　　海(うみ)：바다　　きれいだ：깨끗하다, 아름답다　　ので：때문에

~た ほう(方)が いい：~하는 게 좋다　　ぜひ：꼭 반드시　　~ たい：~하고 싶다

해설

1. ~た ことが ある / ない : ~한 적이 있다 / 없다

「~た ことが ある / ない」는 어떤 일을 한 적이 있는지 없는지 경험(経験)을 물을 때 쓰는 표현이다. 동사의 과거형(た형)에 접속

例 ① 慶州へ行ったことがあります。 (경주에 가본 적이 있습니다.)

② 一度も飛行機に乗ったことがありません。 (한 번도 비행기를 탄 적이 없습니다.)

2. ~ながら : ~하면서

「~ながら」는 동시동작을 나타내는 표현으로 동사의 ます형에 접속

例 ① アルバイトをしながら勉強する。 (아르바이트하면서 공부를 한다.)

② 音楽を聞きながらレポートを書く。 (음악을 들으면서 리포트를 쓴다.)

3. ~なら : ~(이)라면

「~なら」는 가정을 나타내는 표현이다.

例 ① お勧めならいつかぜひ行ってみたいですね。 (추천이라면 언젠가 꼭 가보고 싶군요.)

② 男なら男らしくしなさい。 (남자라면 남자답게 구시오.)

4. ～た ほうが いい : ~하는 것이 좋다 / ~하는 편이 낫다

뭔가를 제안하거나 충고를 할 때 쓰는 표현으로, 동사의 과거형(た형)에 접속. 반대표현은 「～ない ほうが いい ~(하)지 않는 것이 좋다」.

예 ① 一度行ってみたほうがいいですよ。　　　　　(한 번 가보는 게 좋아요.)

② 地下鉄よりバスに乗ったほうがいいです。 (지하철보다 버스를 타는 게 좋습니다.)

③ 病院に行ったほうがいいです。　　　　　　(병원에 가는 편이 나아요.)

④ あまり無理しないほうがいいです。　　　　(너무 무리하지 않는 게 좋습니다.)

5. ～たい : ~(하)고 싶다 / ～たがる : ~(하)고 싶어 하다

희망을 나타낼 때 쓰는 표현으로, 동사의 ます형에 접속. 「～을(를)~하고 싶다」고 할 때는 「～が～たい」로, 조사 「～が」를 사용함에 유의. 또한 제3자의 희망을 나타낼 때는 「～たがる」를 사용.

예 ① 私はラーメンが食べたい。　　　　　　　(나는 라면을 먹고 싶어.)

② 将来, 医者になりたいです。　　　　　　(장래 의사가 되고 싶어요.)

③ 息子は海外旅行に行きたがっています。 (아들은 해외여행을 가고 싶어 합니다.)

④ ジョンソンさんは日本語を習いたがっています。 (존슨씨는 일본어를 배우고 싶어 합니다.)

회화연습 ▷

1. 雪嶽山へ行ったことがありますか。
   <ruby>雪嶽山<rt>ソラクサン</rt></ruby>

   ① はい、(行ったことが)あります。

   ② いいえ、一度も(行ったことが)ありません。

   ③ いいえ、あそこはまだです。

   ④ _____

2. 冬休みになったら、何をしますか。
   <ruby>冬休<rt>ふゆやす</rt></ruby>み

   (～たら : ～면, 과거조동사 'た'의 가정형)

   ① 冬休みになったら、<ruby>海外旅行<rt>かいがいりょこう</rt></ruby>をしてみたいです。

   ② 冬休みになったら、彼女とロッテワールドに行ってみたいです。

   ③ _____

문형연습

✓ やって みよう(한번 해보자)

1.

A : <u>ソクチョ</u>へ行ったことがありますか。

B : いいえ、まだです。

A : 旅行するなら、ソクチョがいいですよ。

B : そうですか。 ぜひ行ってみたいですね。

1. 雪嶽山   2. 濟州道

3. 統一展望台(とういつてんぼうだい)   4. エバランド

2.

예 きれいですから、一度(いちど)<u>行ってみた</u>ほうがいいですよ。

1. 暑(あつ)いですから ＿＿＿＿＿＿＿ ほうがいいです。(窓(まど)を開(あ)ける)

2. 風邪(かぜ)ですから ＿＿＿＿＿＿＿ ほうがいいです。(ゆっくり休(やす)む)

독해연습

田中さんは今、コンビにでアルバイトをしています。それで、毎日がとても忙しくて勉強する時間がありません。

しかし金さんはアルバイトをしたことがありません。

田中さんは旅行が好きですが、ソクチョには行ったことがありません。

質問1・田中さんは毎日どんな生活をしていますか。

1. アルバイトをしないで、勉強しています。

2. アルバイトをしながら勉強しています。

3. アルバイトをしているので勉強をしていません。

質問2・田中さんは旅行が好きですか。

1. はい、好きです。

2. いいえ、好きではありません。

3. どちらでもありません。

실전연습

1. 아르바이트

<アルバイト>

1. 아르바이트 경험 유무

2. 아르바이트 동기

3. 아르바이트 어려웠던 점

4. 아르바이트비 사용처

  ....

✐ 아르바이트에 대해 작성한 후, 친구와 서로 대화를 해 보세요.

2. 묻고 대답하기

① 日本へ行ったことがありますか。

→ _____

② アルバイトをしたことがありますか。

→ _____

③ 旅行（りょこう）が好（す）きですか。

→ _____

3. 짧은 글짓기

① 그곳은 한번 가보는 게 좋아요.

→ _____

② 아르바이트를 하면서 공부하기는 힘들죠?

→ _____

③ 언젠가 꼭 가보고 싶군요.

→ _____

교실일본어

〈출석체크〉

여러분 안녕하세요.
みなさん、おはようございます。

잘 지냈습니까?
お元気^{げんき}でしたか。

휴일에는 무엇을 했습니까?
休^{やす}みには 何^{なに}を しましたか。

오늘은 며칠입니까?
今日^{きょう}は 何日^{なんにち}ですか。

출석을 체크하겠습니다.
出席^{しゅっせき}を 取^とります。

이름을 부르면, '예'라고 말하고 손을 들어주세요.
名前^{なまえ}を 読^よんだら、「はい」といって 手^てを あげて ください。

마에다상
前田^{まえだ}さん。

예.
はい。

김상. 결석이군요.
金さん。欠席^{けっせき}ですね。

수업에 늦지 않도록 하세요.
授業^{じゅぎょう}に おくれないで ください。

일본속담 & 명언

- 花より団子(はなより だんご)

  직역하면 '꽃보다 경단'이라는 뜻으로, 한국의 '금강산도 식후경'에 해당

- 心の眼を磨け。心の筆で描け。 − 菊池寛(日本の小説家)

  마음의 눈을 연마하고 마음의 붓으로 묘사하라. - 기구치 칸(일본소설가)

2과 誕生日パーティの準備はしてあります

생일파티 준비는 되어 있습니다.

学習ポイント
1. ～ている / ～てある
2. ～とおもう
3. 동사의 가능표현 / 의지표현
4. ～つもり

会話1

金 ： 明日は本田さんの誕生日ですね。

山田 ： そうですね。誕生日パーティの準備はしてあります
    か。

金 ： はい、会場の予約はしておきました。

山田 ： ケーキはいつ買いますか。

金 ： 明日の朝　買うつもりです。

山田 ： プレゼントはどうしますか。

金 ： 今日の午後に買おうと思っています。

明日(あした) : 내일　　誕生日(たんじょうび) : 생일　　準備(じゅんび) : 준비　　～てある : ～되어 있다, ~해 두다

会場(かいじょう) : 회장, 장소　　予約(よやく) : 예약　　～ておく : ~해 두다　　ケーキ : 케익

買う(かう) : 사다　　朝(あさ) : 아침　　～つもり : ~할 생각　　プレゼント : 선물　　午後(ごご) : 오후

～と思う : ~고 생각하다

会話2

金：明日、本田さんの誕生日パーティに行けますか。

李：どこで、ありますか。

金：ソクチョ市内の文化会館です。

李：そうですか。行けると思います。ところで、金さんはどう
　　やって行きますか。

金：バスで行こうと思っています。

李：じゃあ、金さんが行く時に、私もいっしょに行きます。

金：ええ、そうしましょう。

明日(あした)：내일　　　**行ける(いける)**：갈 수 있다　　　**市内(しない)**：시내

文化会館(ぶんかかいかん)：문화회관　　　**～と思う(おもう)**：~고 생각한다　　　**どうやって**：어떻게

～ときに：~때　　　**いっしょに**：같이　　　**～ましょう**：~합시다

설

1. 보조동사(補助動詞)

「보조동사」란 본동사가 가지고 있는 원래의 뜻을 잃고, 앞에 오는 동사의 「て」형과 함께 쓰여 보조적으로 사용되는 동사를 말한다. 「-て いる」, 「-て ある」, 「-て くる」, 「-て いく」, 「-て おく」, 「-て みる」, 「-て しまう」 등

2. 보조동사의 의미 용법

보조동사 「-て いる」, 「-て ある」는 동작의 「진행」이나 「상태」를 나타내는데, 주로 앞에 오는 동사의 종류에 따라 그 의미와 용법이 달라진다.

(1) 「자동사・타동사 + て いる」 상태나 진행을 나타냄

① 「자동사 + て いる」 상태나 진행을 나타냄

예 窓があいていますね。　　　　　(창문이 열려 있네요/창문이 열리고 있네요.)

電気がついている。　　　　　(전기가 켜져 있다.)

私は束草に住んでいます。　(나는 속초에 살고 있습니다.)

② 「타동사 + て いる」 일반적으로 진행을 나타내나 상태를 나타내는 경우도 있음

예 テレビを見ています。　　　　　(텔레비전을 보고 있습니다.)

友達は今電話をかけています。　(친구는 지금 전화를 걸고 있습니다.)

リンさんは今そうじをしています。　(린씨는 지금 청소를 하고 있습니다.)

日本の会社で働いています。　(일본 회사에서 일하고 있습니다.)

眼鏡をかけています。　　　　(안경을 쓰고 있습니다.)

(2) 「타동사 + て ある」 상태를 나타냄

예 机の上には受験票も置いてあります。 (책상 위에는 수험표도 놓여 있습니다.)

字が書いてありますね。　　　　　　(글씨가 쓰여 있네요.)

(3) 보조동사 「-て いる」, 「-て ある」 표

구분	동작의 진행 -ている(~하고 있다)	동작의 상태 -てある(~해져 있다)
자동사 開く (열리다)	동작의 상태와 진행 窓があいている (창문이 열려/열리고 있다)	
타동사 開ける (열다)	동작의 진행 窓をあけている (창문을 열고 있다)	동작의 상태 窓があけてある (창문이 열려 있다)

* 상태를 나타내는 '窓があいている'와 '窓があけてある'의 차이점은 자연적/인위적인 점에 있음

(4) 보조동사 「~て おく」

「미리 해둔다」는 뜻이다.

예 ホテルの予約をしておきました。 (호텔 예약을 해 두었습니다.)

チケットを買っておきました。 (티켓을 사 두었습니다.)

4. ~つもりだ : ~할 생각이다, ~할 작정이다

동사의 기본형(사전형)에 접속한다.

예 ① 年末には国へ帰るつもりなの。 (연말에는 고국에 돌아갈 생각이야)

② 雪岳山に登るつもりです。 (설악산에 올라갈 생각입니다.)

5. 동사의 의지표현

✔ 동사의 의지형

5단동사	う단 → お단+う	読む(읽다) → 読もう 話す(이야기하다) → 話そう
1단동사	る → よう	見る(보다) → 見よう 食べる(먹다) → 食べよう
변격동사		来る(오다) → 来よう する(하다) → しよう

6. ~と思う : ~라고 생각하다

예 ① きっと、合格してると思うよ。　(꼭 합격이라고 생각해요.)
② 物価が高いと思います。　(물가가 비싸다고 생각합니다.)
③ 交通が不便だと思います。　(교통이 불편하다고 생각합니다.)

7. ~で : ~로(수단)

예 ① バスで通っています。　(버스로 다닙니다.)
② 自転車で行きます。　(자전거로 갑니다.)
③ タクシーで来ました。　(택시로 왔습니다.)
♣ 歩いて帰りました。　(걸어서 돌아왔습니다.)

8. 5단동사의 가능표현

예 ① 通う(다니다)　→　かよえる

② 書く(쓰다)　→　書ける

③ 読む(읽다)　→　読める

* 구체적인 동사의 가능표현은 제8과 해설 참조

9. ~ときに

✔ 동사 기본체 + ときに

(1) 동사 현재형은 '~할 때'

行くときに電話してください。 (갈 때 전화주세요.)

(2) 동사 현재진행형은 '~하고 있을 때'

ごはんを食べているときに山田さんが来ました。　(밥을 먹고 있을 때 야마다씨가 왔습니다.)

(3) 동사 과거형은 '~했을 때'

日本へ行ったとき山田さんに会いました。　(일본에 갔을 때 야마자씨를 만났습니다.)

회화연습

1. **この大学の交通の便についてどう思いますか。**

   (〜について : 〜에 대해서, 〜에 관해서)

   ① バス停も近いですから, 便利だと思います。

   ② バス停も遠いですから, 不便だと思います。

   ③ タクシ-に乗った方がいいと思います。

   ④ _____

2. **学校まで何で来ますか。**

   (〜で : 〜로)

   ① 私はバスで来ます。

   ② 私は電車で来ます。

   ③ 私は車で来ます。

   ④ 私は自転車で来ます。

   ⑤ 私は歩いて来ます。

   ⑥ 私はバイクで来ます。

 **문형연습**

✓ **やって みよう(한번 해보자)**

1.

    A ： 金さんはどうやって ①行きますか。

    B ： ②バスで①行こうと思っています。

    A ： じゃあ、金さんが①行く時に、いっしょに①行きます。

    ① 帰る   ②電車
    ① 訪問する   ②自動車

2.

    例 寮に入ろうと思っています。
      _____

    1. 今そうじを_____と思っています。(する)
    2. 今ご飯を_____と思っています。(食べる)

 **독해연습**

明日は本田さんの誕生日です。会場の予約はしてあります。会場はソク
チョ市内の文化会館です。

ケーキは明日の朝、買って、プレゼントは今日の午後に買いに行きます。

金さんはバスで行くので、李さんもいっしょに行きます。

質問1• **明日の誕生日の準備は何をしますか。**

1. 明日、会場の予約とケーキを買います。

2. 今日、会場の予約とケーキを買います。

3. 明日、ケーキを買って、今日、プレゼントを買います。

質問2• **李さんは明日歩いて行きますか。**

1. いいえ、バスで一人で行きます。

2. いいえ、バスで金さんといっしょに行きます。

3. はい、金さんと歩いて行きます。

실전연습

1. 준비

<ruby>旅行<rt>りょこう</rt></ruby>の<ruby>準備<rt>じゅんび</rt></ruby>

＜旅行の準備＞

1. 何をしておきますか。

   (1)

   (2)

   (3)

   (4)

2. 묻고 대답하기

① あなたは学校へ何で行きますか。

→ _____

② 誕生日パーティに行ったことがありますか。

→ _____

③ 何を準備しておきましたか。

→ _____

3. 짧은 글짓기

① 컴퓨터 앞에 앉아 있습니다.

→ _____

② 버스로 가려고 생각하고 있습니다.

→ _____

③ 생일파티에 갈 생각입니다.

→ _____

교실일본어

〈수업시작〉

그럼, 오늘 수업을 시작합시다.

では、今日の 授業を 始めましょう。

교과서를 꺼내요.

教科書を 出して ください。

앞전에는 무엇을 공부했습니까?

この前は 何を 勉強しましたか。

교과서의 10페이지를 펼쳐 주세요.

教科書の 10ページを あけて ください。

먼저 테이프를 듣고 해 봅시다.

まず テープを 聞いて やって みましょう。

일본속담 & 명언

• 猫に小判 (ねこに こばん)

직역하면 '고양이에게 금화'라는 뜻으로, 한국 속담의 '돼지에 진주목걸이'와 비슷. 쓸모없는 짓을 비유

• 努力だ、勉強だ、それが天才だ。誰よりも、3倍、4倍、5倍勉強する 者、それが天才だ。

－ 野口英世(日本の細菌学者)

노력이다, 공부다, 그게 천재다. 누구보다도 3배 4배 5배 공부하는 사람, 그것이 천재다.

- 노구치 히데요(일본의 세균학자, 일본의 천엔짜리 지폐 인물)

3 과 金さんが来^くるそうだよ

김상이 온다고 하는군!

学習ポイント
1. ~そうだ
2. ~たところ
3. ~ておく

会話 1

田中 ： ただいま。

妻 ： お帰^{かえ}りなさい。

田中 ： 今晩^{こんばん}金さんが来るそうだよ。

妻 ： そう。ひさしぶりね。

田中 ： 酒^{さけ}はある？

妻 ： ええ、ビールが冷^ひやしてあるけど、お酒の方^{ほう}がいい
でしょうね。

田中 ： うん、あの人には酒の方がよさそうだよ。

ただいま(只今) : 다녀왔습니다<인사>　　지금/현재<명사>　　방금 곧<부사>

お帰(かえ)りなさい : 어서오세요<인사>　　~そうだ : ~라고 한다<전문>, ~인 것 같다/~인 듯하다<양태>

来るそうだよ : 온다고 하는군!　　久(ひさ)しぶりだ : 오래간만이다　　酒(さけ) : 술　　ビール : 맥주

冷やす(ひやす) : 차게 하다, 식히다, 진정시키다　　よさそうだよ : 좋을 것 같아

39

会話 2

金　：田中さん、窓が少し開いていますよ。閉めましょうか。

田中：あ、閉めないでください。開けておいてください。いま学校から帰ってきたところですから、とても暑いんです。

金　：あ、そうですか。でも、寝るときは窓を閉めて寝てくださいね。かぜひきますよ。夜は寒くなりますから。

田中：はい、わかりました。

窓(창문)：문　　開く(あく)：열리다　　閉める(しめる)：닫다　　～ましょうか：～할까요?, ～하시지요＜권유＞

～ないでください：～하지 말아 주십시오, ～하지 마십시오　　開ける(あける)：열다

～たところ：이제 막~ 했다　　とても：아주　　でも：그러나　　寝る(ねる)：그런데

閉める(しめる)：끄다, 지우다　　かぜをひく：감기에 걸리다　　夜(よる)：밤　　寒い(さむい)：춥다

わかりました：알겠습니다

설

1. ～そうだ

「전문(伝聞)」과 「추량(推量)·양태(様態)」를 나타내는 조동사

(1) 전문 「～라고 한다」

자기가 얻은 정보를 남에게 전달할 때 쓰는 용법으로, 모든 품사의 종지형에 접속

① 天気予報によると、あしたは雨が降るそうだ / 降らないそうだ

  (일기예보에 의하면 내일은 비가 온다고 한다. / 오지 않는다고 한다.)

② 先輩の話によると、日本語の試験は難しいそうだ / 難しくないそうだ

  (선배 이야기에 의하면 일본어 시험은 어렵다고 한다. / 어렵지 않다고 한다.)

③ おばあさんの話によると、おとうさんは若いころハンサムだったそうです。 /
  ハンサムではなかったそうです。

  (할머니의 말씀에 의하면 아버지는 젊었을 때 미남이었다고 합니다. / 미남이 아니었다고 합니다.)

④ 前田君のおとうさんは教師だそうです。 / 教師ではないそうです。

  (마에다 군의 아버지는 선생님이라고 합니다. / 선생님이 아니라고 합니다.)

(2) 추량(양태) : 「～인 것 같다」, 「～일 것 같다」, 「～인 듯하다」

  <양태>, <예상/판단>, <직전> 상황에 대해 말하고자 할 때 쓰는 용법이다. 전후 상황으로 보아 지금이라도 실현 가능성이 있는 동작과 상태를 나타내는데, 주로 예감이나 시각적인 정보에 기초하여 추정한다. 전반적으로 직감적인 뉘앙스가 강한 표현이라

할 수 있다.

동사의 ます형이나 형용사(い형용사, な형용사)의 어간에 접속

① 양태(외관상 볼 때 충분히 그러한 성질이나 상태가 인정될 때 사용하는 표현)

このパン、おいしそうですね。

(이 빵, 맛있을 것 같네요.)

＊あの二人は仲がよさそうですね

(저 두 사람은 사이가 좋은 것 같군요.)

＊この村は静かではなさそうだ。

(이 마을은 조용하지 않는 듯하다.)

② 예상/판단(현상을 근거로서 예상하여 추측을 할 때 사용하는 표현)

空をみると、あしたは雨が降りそうですね。

(하늘을 보니 내일은 비가 올 것 같군요.)

今年の冬は寒くなりそうですね。

(올 겨울은 추울 것 같군요.)

③ 직전(어떤 상황의 전개로 볼 때 뭔가가 일어나기 직전일 때 사용하는 표현)

あっ、銅像が転びそうだ。

(앗, 동상이 넘어질 것 같애.)

いまにも泣きそうな顔の彼女。

(금방이라도 울 듯한 표정의 그녀)

2. ~た ところ : 이제 막 ~했다

시간적으로 어떤 일을 '지금 막 ~했다'고 할 때 사용하는 표현

いまストーブをつけたところですから。 (지금 막 스토브를 켰으니까요.)

いま空港に着いたところです。 (지금 막 공항에 도착했습니다.)

3. ~て おく(置く) : ~해두다, ~해 놓다

おくは 보조동사

ドアを開けておく。 (문을 열어 두다.)

メモしておく。 (메모해두다.)

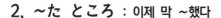 **회화연습**

1. なんだか雪が降りそうですね。

(なんだか : 웬지, ~によると : ~에 의하면, ~에 따르면)

① ニュースによると、きょうの午後から少し降るそうですよ。

② 天気予報によると、きょうは雪が降らないそうですよ。

③ _____

2. 週末の天気はどうでしょうか。

① 天気予報によると、週末は雪だそうです。

② 天気予報によると、週末は寒いそうです。

③ 天気予報によると、週末は雨が降るそうです。

④ _____

📖 문형연습 ▶

✓ **やって みよう(한번 해보자)**

1.

A : あの人には<u>お酒</u>の方がいいでしょうね。

B : うん、<u>酒</u>の方がよさそうだよ。

① ビール   ② ジュース   ③ コーヒー

2.

例 いまストーブを<u>つけた</u>ところです。

1. 今ご飯を_____たところです。(食べ終わる)

2. 今いま空港に_____たところです。(着く)

 **독해연습**

今晩、金さんが来ます。ビールは冷蔵庫の中にありますが、金さんは日本酒の方が好きなので日本酒を準備しました。

田中さんは窓が開いているので閉めましょうかと言いました。しかし、金さんは来たところで暑いので閉めないでくださいと言いました。しかし、田中さんは夜は寒いので閉めるのがいいと言いました。

質問1 • 金さんはビールととどちらのほうが好きですか。

1. ビールのほうが好きです。

2. お酒のほうが好きです。

3. どちらも好きではないです。

質問2 • どうして夜は窓を閉めた方がいいと言いましたか。

1. 来たところで暑いから。

2. 寒いから。

3. 開けた方がいいから。

📝 실전연습 ➤

1. 술

＜酒＞

＜ 私(ぼく)の好きな酒と飲み物 ＞

(お)酒 ： _____

＜_____さんの好きな酒と飲み物 ＞

(お)酒 ： _____

참고단어: ビール, 日本酒(にほんしゅ), 焼酎(しょうちゅう), マッゴリ, 胡乱茶(うろんちゃ) 등

✏ 간단히 좋아하는 술과 음료수에 대해 적은 후, 대화해 보세요.

📝 私(ぼく)の好きなお酒はビールです。_____さんは焼酎が好きだそうです。

2. 묻고 대답하기

① 窓が少し開いていますよ。閉めましょうか。

→ _____

② あなたの友達にはどんなお酒がいいでしょうか。

→ _____

③ 寝るとき、窓を開けますか。

→ _____

3. 짧은 글짓기

① 내일 아베 상이 한국에 온다고 합니다.

→ _____

② 그 사람에게는 맥주가 좋을 듯합니다.

→ _____

③ 잠시 문을 열어둘까요?

→ _____

교실일본어

수업 중간

선생님을 따라 읽어 주세요.
先生に ついて 読んで ください。

다 같이 읽으세요.
みんな 一緒に 読んで ください。

다 같이 다시 한번 읽어봅시다.
みんなで もう一度 読んで みましょう。

오늘은 여러분들이 기운이 없네요.
今日は みなさん 元気が ありませんね。

큰 소리를 말하세요.
大きな 声で 言って ください。

여기서 동사활용 연습을 합시다.
ここで 動詞活用の 練習を しましょう。

10행째부터 읽어보죠.
十行目から 読みましょう。

10행째의 한자는 알고 있습니까?
十行目の 漢字は 知って いますか。

모릅니다.
知りません。

이 말을 열 번 연습하세요.
この言葉を 十回 練習しなさい。

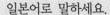

일본어로 말하세요.

<ruby>日本語<rt>にほんご</rt></ruby>で <ruby>言<rt>い</rt></ruby>って ください。

앞에 나와서 써 주세요.

<ruby>前<rt>まえ</rt></ruby>に <ruby>出<rt>で</rt></ruby>て <ruby>書<rt>か</rt></ruby>いて ください。

일본속담 & 명언

• 朝飯前(あさめしまえ)

  직역하면 '아침식사 전'이라는 뜻으로, 한국 속담의 '식은 죽 먹기', '누워서 떡 먹기'

• 一日一日を大事にして悔いなき人生を!   — 金澤嘉市(日本の兒童教育家)

  하루하루를 소중하게 보내서 후회 없는 인생을! - 카네자와 카이치(일본의 아동교육가)

4 과 日本語できるの?
にほんご
일본어 할 수 있니?

学習ポイント
1. 종조사 の/わ
2. ~かな/~かしら
3. ~すぎる

日本語の授業
にほんご じゅぎょう

今日は、初めての授業です。
きょう　　はじ　　　　じゅぎょう

金 ： 今日の授業は、何時から始まるの?
　　　　　　　　　　なんじ　　　はじ

李 ： うーんと、あっ、九時からだよ。
　　　　　　　　　　くじ

金 ： 何の授業?
　　　なん

李 ： 日本語会話。
　　　にほんごかいわ

金 ： えっ! 李さんって、日本語できるの?

李 ： もちろんって、言いたいんだけど、実は初めてなんだ。
　　　　　　　　　　　い　　　　　　　じつ　はじ

始(はじ)めて : 처음, 처음으로　　　授業(じゅぎょう) : 수업　　　~の : ~이니, ~요, ~거야(종조사)

実(じつ)は : 실은　　　~なんだ : ~인 것이다(강한 단정, 「なのだ」의 준말, 여성인 경우는 「なの」)

始めてなんだ : 처음이야

日本語の授業

(廊下で)

金 ： うーんと、講義室は、どこだろう？ここ、広すぎる
わ。よく探せるかしら。あのうすみませんが、日本
語会話の講義室はどこですか。

田中： あ、１０５号室ですよ。

金 ： どうもありがとうございます。

(講義室で)

先生： みなさん、おはようございます。

学生： おはようございます。

先生： はじめまして。私は、田中幸子です。どうぞよろし
く。それじゃ、自己紹介できる人いるかな。

パク： はい、先生。
はじめまして。パクスジンです。どうぞよろしくお
願いします。

~わ：~이야, ~요(종조사)　　廊下(ろうか)：복도　　講義室(こうぎしつ)：강의실

~すぎる：너무~하다, 지나치게~하다　　探(さが)せる：찾을 수 있다(探す의 가능형)

~かしら：~일까, ~이련지, ~일지도 몰라　　号室(ごうしつ)：호실　　~かな：~일까, ~일련지, ~일지도 몰라

해설

1. 「の / わ / かしら」: 주로 여성들이 많이 사용하는 종조사임

2. ～の : ~이니, ~요, ~거야

　종조사 の는 のだ　のか　のよ에서 だ、か、よ를 생략한 것으로 볼 수 있으며, 용법은 <질문>, <가벼운 단정>, <설득>, <확인> 등을 나타냄.

(1) 질문/확인

예 ① 何時_{なんじ}から始_{はじ}まるの　(몇 시부터 시작하는 거야?)

② 日本語できるの。　(일본어 할 수 있어?)

③ 君も行くの。　(너도 가니?)

(2) 가벼운 단정

예 うちの大学はとてもきれいなの。　(우리 대학은 정말 아담해.)

(3) 설득

예 いつまでもめそめそしないの。　(언제까지나 훌쩍거리는 게 아니야.)

3. ～わ : ~어 / 요, ~이야

　종조사 「わ」는 특별한 의미는 갖지 않고 문맥상 전체적으로 부드러운 느낌을 갖게 해준다.

예 ① ちょっと心配だわ。 (좀 걱정이야.)

② いま勉強しているわ。 (지금 공부하고 있어.)

③ いま行くわ。ちょっと待っててね。 (지금 가. 좀 기다려.)

4. ~かしら : ~일까, ~이런지, ~일지도 몰라

의문을 나타낼 때 쓰는 여성 표현임. 전반적으로 우아한 느낌을 갖게 해줌.

예 ① よく探せるかしら。 (잘 찾을 수 있을런지?(있을지 모르겠네.))

② 今夜かしら、明日かしら、心がさわぐの。 (오늘밤일까, 내일일까, 마음이 두근거려.)

5. ~かな/~かしら

둘 다 의문을 나타낼 때 쓰는 표현으로,「かな」는 남성, 여성이 다 쓸 수 있으나「か しら」는 주로 여성만 사용하는 표현임. 의문어와 같이 사용되는 경우「かな / かしら」 앞에「の」가 들어가는 경우가 많으나 의미에는 큰 차이가 없음.

예 ① 自己紹介できる人いる(の)かな。 (자기소개할 수 있는 사람이 있을지 모르겠네.)

② 今日も雪が降る(の)かな。 (오늘도 눈이 내릴까?)

③ あれでいい(の)かしら (저래도 괜찮을지 몰라)

6. ~すぎる : 너무 ~하다, 지나치게 ~하다

동사의 ます형, 형용사 어간, 명사에 접속

〈동사〉

飲みすぎる	과음하다
食べすぎる	과식하다
言いすぎる	심하게 말하다
寝すぎる	너무 오래자다
考えすぎる	너무 생각하다

<い형용사>

広すぎる	너무 넓다
高すぎる	너무 높다, 너무 비싸다
難しすぎる	너무 어렵다
甘すぎる	너무 달다, 너무 쉽게 생각하다
こわすぎる	너무 무섭다

<な형용사/명사>

下手すぎる	너무 못하다
まじめすぎる	너무 성실하다, 너무 착하다
素敵すぎる	너무 멋지다
ピークすぎる	너무 절정이다
いい加減すぎる	너무 참견이다

* 飲み過ぎ(과음), 食べ過ぎ(과식), 寝過ぎ(과다수면), 勉強しすぎ(과다공부)처럼 명사형으로도 많이 사용됨

회화연습

✔ 단어를 바꾸어 연습해 봅시다.

1.

女性 ： 今日の授業は、何時に終わるの？

男性 ： うーんと…… あっ、6時までだよ。

① 2時　　　　　　　② 4時

③ 夜8時半　　　　　④ 夜10時

2.

A ： あのーすみませんが、日本語の講義室はどこですか？

B ： あー、１０５号室ですよ。

A ： どうもありがとうございます。

① １１２号室　　　　② １２２号室

③ ４１２号室　　　　④ ＿＿＿号室

문형연습

✓ やって みよう(한번 해보자)

1.

　예　自己紹介できる人いるかな

　　1. 今日も雨が＿＿＿＿＿＿＿かな。（降る）

　　2. 石井さんはどうして授業に＿＿＿＿＿＿＿かな。（でない）

　　3. こういう姿で＿＿＿＿＿＿＿かな。（大丈夫だ）

2.

　예　あそこ、広すぎるから探せるかしら。

　　1. かれはいそがしいから明日＿＿＿＿＿＿＿かしら。（くる）

　　2. あのひと私のこと＿＿＿＿＿＿＿かしら。（覚えている）

　　3. 可愛いだけじゃ＿＿＿＿＿＿＿かしら。（駄目だ）

 **독해연습**

今日は日本語の授業が初めてです。9時から始まります。李さんは日本語が初めてです。講義室は105号室です。先生の名前は田中幸子です。パクさんは日本語で自己紹介しました。

質問1・ 李さんは日本語が上手ですか。

1. はい、上手です。

2. いいえ、上手ではありません。

3. いいえ、日本語が初めてです。

質問2・ 自己紹介したのは誰ですか。

1. パクさんです。

2. 田中さんです。

3. 李さんです。

실전연습

1. 일본어의 여성적/남성적 표현

＜女性的男性的表現＞

① だよ/よ

　여성적 표현에서는 「だ」를 주로 생략함

② ～かな/～かしら

③ ～わ

　……

1. 종조사를 중심으로 일본어의 여성적/남성적 표현에 대해 본문에서 찾아 적어 보자.

2. 여성적/남성적 표현을 자신에 맞게 사용하여 친구와 대화를 해 보자.

2. 묻고 대답하기

① 日本語の講義室はどこですか。

→ _____

② 日本語で自己紹介できますか。

→ _____

③ 日本語は大学で始めてですか。

→ _____

3. 짧은 글짓기

① 강의실이 어디지?

→ _____

② 일본어는 처음이야!

→ _____

③ 열심히 하겠습니다.

→ _____

교실일본어

손을 들어(내려) 주세요.

手を 上げて ください。

손을 내려 주세요.

手を 下げて ください。

일어서 주세요.

立って ください。

앉아 주세요.

座って ください。

기억해 주세요.

覚えて ください。

써 주세요.

書いて ください。

순서대로 하세요.

順番に やって ください。

다시 하세요.

やり直して ください。

여기를 봐 주세요.

こちらを 見て ください。

다시 한번 말해 주세요.

もう 一度 言って ください。

다시 한번 말씀해 주십시오.

もう 一度 おっしゃって ください。

조금 빨라요.

少し 早いです。

일본속담 & 명언

• 後の祭り（あとのまつり）

직역하면 '뒷축제'라는 뜻으로, 한국 속담의 '행차 후의 나팔', '소 잃고 외양간 고치기'. 여기서의 마츠리(축제)는 교토의 기온마츠리(祇園祭り)를 말하는데, 첫날의 앞축제에 비해 마지막날의 뒷축제가 수수하고 재미가 없다고 말해지기 시작한 것이 어느 사이엔가 그 시기를 놓쳤다는 의미로 사용.

• 一日一生。一日は貴い一生である。これを空費してはならない。

— 内村鑑三（日本の基督教思想家,『一日一生』の作家)

하루가 (귀한) 일생이다. 이것을 허비해서는 안 된다.

- 우치무라 간조(기독교사상가,『일일일생』 작가)

5 과

よく食べに行くようです

자주 먹으러 가는 것 같습니다.

学習ポイント
1. ~し、~し
2. ~ようだ/~らしい/~みたいだ

学生食堂(がくせいしょくどう)

金 ： あー、お腹すいた。学食(がくしょく)へ昼(ひる)ご飯(はん)を食(た)べに行(い)かない？

李 ： うん。そうしようか。

◆ ◆ ◆

金 ： 今日(きょう)のメニューは何かな？ 私(わたし)はカレーライスにする。

李 ： 僕(ぼく)は、定食(ていしょく)も食べたいし、トンカツも食べたいし、ビビンバもおいしそうだな。

金 ： 学食はチーズトンカツがおいしいそうよ。

李 ： それじゃ、それにする。すみません。チーズトンカツください。

お腹(なか) : 배　　　**すく(空く)** : 고프다　　　**学食(がくしょく)** : 학생식당　　　**昼ご飯(ひるごはん)** : 점심
~に : ~하려(동사의 **ます**형에 접속)　　　**メニュー** : 메뉴　　　**カレーライス** : 카레라이스　　　**~にする** : ~로 하다
定食(ていしょく) : 정식　　　**~し, ~し** : ~고, ~고　　　**トンカツ** : 돈카스　　　**ビビンバ** : 비빔밥
おいしそうだな : 맛있을 것 같고　　　**おいしそうよ** : 맛있다고 해　　　**チーズトンカツ** : 치즈돈카스

学生食堂
_{がくせいしょくどう}

金 ： ごちそうさま。とてもおいしかったわ。

李 ： 食後にコーヒーでもどう？

金 ： いいわ。

李 ： 学校の前に新しいコーヒーショップができたらしいよ。
　　　おいしいケーキもあるみたいだよ。

金 ： ほんとう、楽しみだわ。

◆　◆　◆

李 ： あそこが新しいコーヒショップだよ。

金 ： わあ、人がいっぱい、人気があるようだね。

李 ： きっとコーヒーもおいしいよ。

金 ： そうね。

食後(しょくご)：식후　　～でも：~라도　　コーヒショップ：커피숍　　いいわ：좋아요

できる：생기다　　おいしい：맛있다　　ケーキ：케이크　　～みたいだ：~인 것 같다

ほんとう：정말　　楽しみだ(たのしみだ)：기대가 되다　　人(ひと)：사람　　いっぱいだ：많다

人気(にんき)：인기　　～ようだ：~듯하다

1. ～し、～し : ~고, ~고

「～し、～し」는 두 가지 이상의 사실을 강조하거나 원인, 이유 등을 열거할 때 사용하는 표현이다. ＜형용사/동사의 종지형＞과 ＜명사+だ＞에 접속된다.

> 예 ① 定食も食べたいし、トンカツも食べたいし。 (정식도 먹고 싶고, 돈까스도 먹고 싶고)
>
> ② 波女はきれいだし、性格も明るいし, みんなに人氣があります。
> (그녀는 예쁘고, 성격도 밝아 모두에게 인기가 있습니다.)

2. ～ようだ : ~인 것 같다/인 듯하다 (추측/완곡)
~와 같다/비슷하다 (비유)

불확실하지만, '웬지 모르게 그런 생각이 든다/그렇게 보인다'와 같이 신체감각이나 오감(미각, 청각, 시각, 촉각, 후각) 등의 자신의 주관적인 판단에 근거하여 헤아려 추측하는 표현이다. 판단을 피하여 완곡하게 표현할 때도 사용된다.

✔ **접속형태**

(1) 현재형

명사에 연결되는 형태로 접속한다.

• 동사 연체형(종지형) + ようだ

> 예 行く → 行くようだ

• い형용사 연체형(종지형) + ようだ

> 예 おいしい → おいしいようだ

- な형용사 어간 + な + ようだ

  예 静かだ → 静かなようだ

- 명사 + の + ようだ

  예 銀行員 → 銀行員のようだ

(2) 과거형

과거형에 연결되는 형태로 접속된다.

- 동사 + た + ようだ

  예 行く → 行ったようだ

- い형용사 어간 + かった + ようだ

  예 おいしい → おいしかったようだ

- な형용사 어간 + だった + ようだ

  예 静かだ → 静かだったようだ

- 명사 + だった + ようだ

  예 銀行員 → 銀行員だったようだ

✔ 의미 용법

(1) 추측

예 おいしくて学生たちもよく食べに行くようです。

(맛있어서 학생들도 자주 먹으러 가는 듯 합니다.)

(2) 비유

예 赤ちゃんはまるで人形のようにかわいい。(아기는 마치 인형과 같이 귀엽다.)

(3) 완곡

예 質問が ないようですから 今日の 授業は これで 終わります。

(질문이 없는 것 같으니까 오늘 수업은 이것으로 마치겠습니다.)

3. ~らしい : ~인 것 같다/인 듯하다 (추측/완곡)
~답다 (전형)

　자신의 주관적 판단이 아니라 외부로부터 듣거나(청각) 전달정보에 의거하든지 아니면 관찰 가능한 객관적 근거에 기초하여 상당히 확신을 갖고 추측하는 표현이다. 그리고 「らしい」는 명사에 접속할 경우는 추측의 뜻 이외에 「~답다」라는 전형(典型)의 뜻을 나타내기도 한다. 또한 단정적으로 표현해도 되는데, 완곡하게 표현할 때도 사용된다.

✔ **접속형태**

(1) 현재형

• 동사 종지형 + らしい

　예 行く → 行くらしい

• い형용사 종지형 + らしい

　예 おいしい → おいしいらしい

• な형용사 어간 +らしい

　예 静かだ → 静からしい

- 명사 + らしい

  예 銀行員 → 銀行員らしい

(2) 과거형

과거형에 연결되는 형태로 접속된다.

- 동사 + た + らしい

  예 行く → 行ったらしい

- い형용사 어간 + かった + らしい

  예 おいしい → おいしかったらしい

- な형용사 어간 + だった + らしい

  예 静かだ → 静かだったらしい

- 명사 + だった + らしい

  예 銀行員 → 銀行員だったらしい

✔ 의미 용법

(1) 추측

예 傘をさして行っているのを見ると、雨が降るらしい。

(우산을 쓰고 가는 것을 보니, 비가 내리는 것 같다.)

この道は安全らしい。　(이 길은 안전한 것 같다.)

(2) 전형

> 예 女らしい所がない。 (여자다운 구석이 없다.)
>
> 男らしいです。　　　(남자답다/남자인 것 같다.)

4. ~みたいだ : ~인 것 같다/인 듯하다 (추측)
~와 같다/비슷하다/~처럼 (비유)

[みたいだ]는 [ようだ]의 구어체적인 표현으로 주로 회화체에 많이 쓰인다. [ようだ]와 의미에 있어서도 거의 같이 쓰이지만, [~みたいだ]가 보다 주관적인 느낌이 강하다. 오감 등 자기자신이 직접적으로 경험한 것을 기초로 하여 추론할 때 사용하는 표현이다.

✔ 접속형태

(1) 현재형

명사에 연결되는 형태로 접속한다.

- 동사 종지형 + みたいだ
  > 예 行く → 行くみたいだ

- い형용사 종지형 + みたいだ
  > 예 おいしい → おいしいみたいだ

- な형용사 어간 +みたいだ

  예 静かだ → 静かみたいだ

- 명사 + みたいだ
  > 예 銀行員 → 銀行員みたいだ

(2) 과거형

과거형에 연결되는 형태로 접속된다.

- 동사 + た + みたいだ

  예 行く → 行ったみたいだ

- い형용사 어간 + かった + みたいだ

  예 おいしい → おいしかったみたいだ

- な형용사 어간 + だった + みたいだ

  예 静かだ → 静かだったみたいだ

- 명사 + だった + みたいだ

  예 銀行員 → 銀行員だったみたいだ

✔ 의미 용법

(1) 추측

예 吉田さんはお酒が嫌いみたいだね。 (요시다 상은 술을 싫어하는 것 같아.)

(2) 비유

예 まるで子供みたいね。 (마치 어린애 같아.)

5. 추량표현의 そうだ·ようだ·らしい·みたいだ·だろう의 비교

- そうだ : 주로 시각적인 정보나 직감에 기초하여 추량(제3과 해설 참조)
- ようだ : 주로 오감이나 감촉에 기초하여 추량

- らしい : 주로 청각이나 외부전달정보에 기초하여 추량

- みたいだ : [ようだ]의 구어체적인 표현으로 주로 회화체에 많이 쓰임

- だろう : 추량의 표현 중에는 가장 주관적인 것으로, 객관성은 문제가 되지 않고 오로지 자신의 경험이나 지식에 기초하여 추량

  예 わがチームは必ず優勝するだろう。(우리 팀은 반드시 우승할 것이다.)

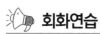 **회화연습**

1. _____ と _____ ください。

ハンバーガー	（ひとつ）	（　　　）円
ビビンパ	（ふたつ）	（　　　）円
チーズトンカツ	（みっつ）	（　　　）円
カレーライス	（よっつ）	（　　　）円
ラーメン	（いつつ）	（　　　）円
定食	（むっつ）	（　　　）円

2.

Q：（ハンバーガー）は いくらですか。

A：（１５０）円です。

(본인이 질문하고 선생님(또는 친구)이 대답한다. 본인은 받아 적는다.)

3.

A：今日（きょう）のメニューは何かな？　私（わたし）はカレーライスにする。

B：この店はチーズトンカツがおいしいみたいなので、僕はそれにする。

A：すみませーん。_____ と _____ ください。

店の人：はい。

B：いくらですか。

店の人：ぜんぶで _____円です。ありがとうございます。

（ハンバーガー、ビビンバ）（チーズトンカツ２、カレーライス２）

（ラーメン３、定食３）

문형연습

〈바꿔 말하기〉

学校の前に新しいコーヒショップができました。

おいしくて学生たちもよく食べに行くようです。

学生にはカプチノが人気があるらしいです。

ケーキもあるみたいなので明日は友達と一緒にあそこに行ってみようと思っています。

1. ハンバーガー屋、シリンプバーガ、ソプトアイスクリム

2. ピザハウス、焼肉ピザ、サラダバー

3. レストラン、ハンバーガーステーキ、パン

📝 독해연습 ➤

金さんと李さんはお腹がすいたので学食で昼ご飯を食べました。金さんはカレーライスにしました。李さんはチーズトンカツにしました。食後に学校の前にできた新しいコーヒーショップに行きました。そこは人気があって人がいっぱいでした。

質問1・ 金さんと李さんは昼ご飯はどうしましたか。

1. 学食でカレーライスやラーメンを食べました。

2. 学校の前の食堂でカレーライスを食べました。

3. 学食でカレーライスやチーズトンカツを食べました。

質問2・ 食後は何をしましたか。

1. 学食でコーヒーを飲みました。

2. 学校の前でケーキを食べました。

3. 学校の前のコーヒーショップに行きました。

실전연습

1. 학생식당에서 점심메뉴 정하기

<＜学食での昼食＞

＜ 私(ぼく)の好きなメニュー ＞

1.＿＿＿＿＿＿＿＿＿＿＿　　2.＿＿＿＿＿＿＿＿＿＿＿

＜ 友だちの好きなメニュー ＞

1.＿＿＿＿＿＿＿＿＿＿＿　　2.＿＿＿＿＿＿＿＿＿＿＿

참고문: 私(僕)はカレーライスにする。＿＿＿＿＿さんは。

私(僕)は定食も食べたいし、トンカツも食べたいし、ビビンバもおいしそうだなー。

学食はチーズトンカツがおいしいそうよ。

それじゃー、それにする。 등

🖎 자기와 친구의 좋아하는 점심메뉴를 작성한 후 친구와 점심메뉴 정하기 놀이를 해 보세요.

2. 묻고 대답하기

① 私(僕)はカレーライスにする。君は。

→ _____

② 食後にコーヒーでもどう。

→ _____

③ 学食は何がおいしいですか。

→ _____

3. 짧은 글짓기

① 나는 카레라이스로 할래.

→ _____

② 학생에게는 햄버거가 인기 있는 것 같습니다.

→ _____

③ 맛있어서 학생들도 자주 먹으러 가는 듯합니다.

→ _____

교실일본어

이것은 지난주 공부했습니다. 기억하고 있습니까?

これは 先週(せんしゅう) 勉強(べんきょう) しました。覚(おぼ)えて いますか。

까먹었습니다.

忘(わす)れました。

지금부터 프린트물을 배부하겠습니다.

今(いま)から プリントを 配(くば)ります。

프린트를 받아 가세요.

プリントを 取(と)りに 来(き)て ください。

프린트물은 다 작성했습니까?

プリントは もう できましたか。

아직입니다. / 다 했습니다.

まだです。 / できました。

순서대로 하세요.

順番(じゅんばん)に やって ください。

다음은 이(李)상 차례군요.

次(つぎ)は 李さんの 番(ばん)ですね。

보입니까?

見(み)えますか。

잘 보이지 않습니다.

よく 見(み)えません。

들립니까?

聞こえますか。

잘 들리지 않습니다.

よく 聞こえません。

 일본속담 & 명언

• 痘痕も靨(あばたも えくぼ)

 직역하면 '마마자국도 보조개'로 다 예쁘게 보인다는 의미이며, 한국 속담의 '제 눈에 안경'에 해당

• 己の立てる処を深く掘れ。そこには必ず泉あらん。

– 高山樗牛(日本の文芸評論家, 思想家)

 자기 자신이 찌른 곳을 파라. 거기에는 분명 샘 있을 것이다.

 - 다카야마 초규(일본의 문예평론가, 사상가)

6 과

母が買ってくれたんです
はは か

엄마가 사준 것이에요.

学習ポイント
1. やる/あげる/さしあげる
2. くれる/くださる
3. もらう/いただく

会話 1

加藤 : いいワンピースですね。どこで買ったんですか。
かとう

田中 : ともだちにもらったんです。

加藤 : なかなかいいセンスですね。

田中 : 去年の誕生日にともだちが買ってくれたんです。
きょねん たんじょうび

加藤 : そうですか。あ、そういえば、来週は弟の誕生日だ
らいしゅう おとうと
から、何かあげなければいけないなあ。すっかり忘
わす
れていました。

ワンピース : 원피스   買う(かう) : 사다   もらう : 받다   なかなか : 상당히, 꽤   センス : 센스

去年(きょねん) : 작년   誕生日(たんじょうび) : 생일   くれる : 주다(다른 사람이 자기에게)

そういえば : 그러고 보니   ~だから : ~이니까, ~이여서   何(なに)か : 뭔가   あげる : 주다

~なければいけない : ~여야 하는데   すっかり : 완전히, 까맣게   忘れる(わすれる) : 잊다

会話 2

佐藤 : 新しい辞書ですね。

朴　 : この辞書、先生にいただいたものです。

佐藤 : あ、そうですか。

朴　 : とてもうれしくて、お礼に韓国のお土産をさしあげ
　　　 ようと思っています。

佐藤 : ところで、朴さん、レポートはもう書きましたか。

朴　 : ええ、先輩が手伝ってくださいました。

佐藤 : うらやましいですね。

朴　 : 私はまだなんです。

新しい(あたらしい) : 새롭다　　　辞書(じしょ) : 사전　　　いただく(頂く) : 받다　　　お礼(れい) : 답례

お土産(みやげ) : 선물　　　さしあげる(差し上げる) : 드리다　　　～ようと思(おも)う : ～하려고 생각하다

もう : 벌써, 이미　　　先輩(せんぱい) : 선배　　　手伝う(てつだう) : 도와주다　　　～てくださる : ～해주시다

うらやましい : 부럽다　　　まだ : 아직　　　レポート : 리포트

1. 수수표현(授受表現)

　사물을 주고 받을 때 주로 사용하는 수수동사로는 「やる/あげる/さしあげる」, 「く
れる/くださる」, 「もらう/いただく」가 있다. <명사+を>와 <동사의 て형>에 접속
하는 두 가지 형태가 있다.

2. やる/あげる/さしあげる

「やる/あげる/さしあげる」는 다른 사람에게 무언가를 주거나 드린다는 뜻이며, 「～て
やる/～てあげる/～てさしあげる」는 다른 사람을 위해서 어떤 동작·행동을 해 주거
나 드린다는 뜻이다.

　<명사＋を>　　やる/あげる/さしあげる　　　　　　 ～을 주다/～을 주다/～을 드리다
　<동사의 て형>　～てやる/～てあげる/～てさしあげる　～을해주다/～을 ～해 주다/～을 해 드리다

✔ 「やる/～てやる」는 받는 사람이 자기보다 아랫사람이거나 친한 남자친구, 동·식
　물에게 주는 경우에 사용한다. 단, 남의 가족이나 친구의 동생 등에게는 「やる」 대
　신 「あげる」를 사용해야 한다. 또한 여성의 수수표현은 「やる」에 해당되는 경우에
　도 「あげる」를 사용하는 경향이 강함에 유의해야 한다.

✔ 「あげる/～てあげる」는 「やる/～てやる」보다 공손한 표현으로 자기와 동년배는
　물론 아랫사람에게도 쓰이므로 주의가 필요하다.

✔ 「さしあげる/～てさしあげる」는 받는 사람이 자기보다 윗사람일 때 쓰인다.

✔ 「やる/あげる/さしあげる」의 표현

예 ① 猫に餌をやりました。(고양이에게 먹이를 주었습니다.)

② 山田さんに韓国のお土産をあげました。(야마다 상에게 한국에서 사온 선물을 주었습니다.)

③ 先生に韓国の小説の本をさしあげました。(선생님에게 한국 소설책을 드렸습니다.)

✔ 「～てやる/～てあげる/～てさしあげる」의 표현

예 ① 弟にグローブを買ってやりました。(남동생에게 글로브를 사주었습니다.)

② 大野さんの仕事を手伝ってあげました。(오노 상의 일을 도와주었습니다.)

③ 先生に韓国の小説の本を読んでさしあげました。

(선생님에게 한국 소설책을 읽어드렸습니다.)

3. くれる/くださる

「くれる/くださる」는 다른 사람이 자기에게 무언가를 주거나 주신다는 뜻이며, 「～てくれる/～てくださる」는 다른 사람이 자기에게 어떤 동작·행동을 해 주거나 주신다는 뜻이다.

<명사＋を>　くれる/くださる　　　　～을 주다/～을 주시다

<동사의 て형>　～てくれる/～てくださる　～을 해 주다/～을 ～해 주시다

✔ 「くれる/～てくれる」는 주는 사람이 자기보다 아랫사람이거나 동년배일 때 사용한다.

✔ 「くださる/～てくださる」는 주는 사람이 자기보다 윗사람일 때 쓰이며, 「くれる/～てくれる」의 존경어이다.

✔ 「**くれる/くださる**」의 **표현**

예 ① 彼氏がわたしにきれいなハンカチをくれました。

(그이가 나에게 예쁜 손수건을 주었습니다.)

② 先生はわたしに辞書をくださいました。

(선생님은 저에게 사전을 주셨습니다.)

✔ 「**～てくれる/～てくださる**」의 **표현**

예 ① 吉田さんが車を貸してくれました。

(요시다 상이 차를 빌려 주었습니다.)

② 先生が日本語の発音を直してくださいました。

(선생님이 일본어 발음을 고쳐 주셨습니다.)

4. もらう/いただく

「もらう/いただく」는 다른 사람이 자기에게 주는 것을 받거나 말하자면 겸양의 '받자옵다'는 뜻이며, 「～てもらう/～ていただく」는 다른 사람으로부터 어떤 동작·행동을 '～해 받다'거나 '～해 받자옵다'는 뜻이다.

<명사＋を> もらう/いただく ～을 받다

<동사의 て형> ～てもらう/～ていただく ～을 해 받다

✔ 「もらう/～てもらう」는 주는 사람이 자기보다 아랫사람이거나 동년배일 때 사용한다.

✔ 「いただく/～ていただく」는 주는 사람이 자기보다 윗사람일 때 쓰이며, 「もらう/～てもらう」의 겸양어이다.

✔ 「もらう/いただく」의 표현

> 예 ① 母にもらったワンピースです。(어머니에게 받은 원피스에요.)
> ② わたしは先生に辞書_{じしょ}をいただきました。(저는 선생님에게 사전을 받았습니다.)

✔ 「〜てもらう/〜ていただく」의 표현

「〜てもらう/〜ていただく」의 표현은 한국어로 해석 시 주의가 요구된다. 즉, 직역하면 다른 사람으로부터 어떤 동작·행동을 해 받거나 해 받자옵다는 뜻이 되어 어색한 번역이 되어버린다. 따라서 우리말 해석 시는 약간의 의역이 필요한데, 상대방이 나에게 '〜을 해주다' 식으로 번역하는 것이 무난하다.

> 예 ① 吉田さんに車を貸_かしてもらいました。
> (요시다 상에게 차를 빌려 받았습니다. → 요시다 상이 차를 빌려 주었습니다.)
> ② 先生から日本語の発音_{はつおん}を直_{なお}していただきました。
> (선생님으로부터 일본어 발음을 고쳐 받았습니다. → 선생님이 일본어 발음을 고쳐 주셨습니다.)

🔊 회화연습

〈바꿔 말하기〉

1.

A : いいワンピースですね。どこで買ったんですか。

B : 姉にもらったんです。/姉が貸してくれたんです。

① シャープ、吉田さん

② グローブ、兄

③ 車、父

2.

A : 新しい辞書ですね。

B : この辞書、先生にいただいたものです。/先生がくださったものです。

① 本、先生　　　　　　② 本、吉田さんのお父さん

📖 문형연습 ⟩

この辞書は先生が<u>くださった</u>んですが、お礼に韓国のお土産を<u>さしあげよう</u>と思っています。

1. 本、安東焼酒
2. 浮世絵、高麗人参
3. 歌舞伎のチケット、韓国のお茶

📝 독해연습 ⟩

> 田中さんは去年の誕生日にともだちからワンピースをもらいました。そのワンピースを今日、着ています。そのワンピースはとてもセンスがあってきれいです。
>
> 加藤さんは来週には弟の誕生日です。何かをプレゼントしなければなりません。すっかり忘れていました。

質問1 ・ 田中さんは去年の誕生日はプレゼントをもらいましたか。

1. はい、ともだちがプレゼントをくれました。
2. いいえ、くれませんでした。
3. いいえ、もらいませんでした。

質問2• 加藤さんの弟の誕生日はどうしますか。

1. いっしょに食事をします。

2. 誕生日パーティをします。

3. プレゼントをあげます。

 실전연습

1. 수수표현 연습

<授受表現 演習>

참고단어 : いい(あたらしい)

シャープ、ケイタイ、時計、辞書、靴(くつ)、服(ふく) 等

✎ 자기와 친구가 갖고 있는 물건을 가지고 수수동사를 활용해 대화를 해 보세요.

2. 묻고 대답하기

① 去年のお母さんの誕生日に何をさしあげましたか。

→ _____

② それ、いいものですね。

→ _____

③ 誕生日のプレゼントを誰にもらいましたか。

→ _____

3. 짧은 글짓기

① 아빠가 사준 거예요.

→ _____

② 여동생의 생일에 무언가 사주어야 하는데…

→ _____

③ 선생님이 가르쳐 주셨습니다.

→ _____

교실일본어

이건 알겠습니까?

これは わかりますか。

예, 알겠습니다.

はい、わかります。

아니, 모르겠습니다.

いいえ、わかりません。

잘 모르겠습니다.

どうも わかりません。

이건 반드시 시험에 나옵니다.

これは 必ず 試験に 出ます。

이것 점수에 들어갑니다.

これ 点数に はいります。

어디 몸이 안 좋은 가요?

どこか 体の 調子が 悪いんですか。

괜찮습니까?

大丈夫ですか。

이건 노트에 적어 두세요.

これは ノートに うつして おきましょう。

조용히 하세요.

静かに して ください。

떨어트린 지우개가 있습니다. 누구 것입니까?

けしゴムの 落し物が あります。だれのですか。

제 것입니다.

わたしのです。

죄송합니다.

ごめんなさい。 / すみません。

 일본속담 & 명언

- お誂え向き (おあつらえむき)

  직역하면 '주문하신 대로'라는 뜻으로, 한국의 '안성맞춤'에 해당

- 心の態度が、積極的になると、心の力が、不可能を可能に逆転せしめる。

  　　　　　　　　　　　　　　　　　　　　　　　　－ 中村天風(日本初のヨーガ行者)

  마음의 태도가 적극적이 되면, 사람의 마음이 불가능을 가능으로 역전하게 한다.

  　　　　　　　　　　　　　　　　　　　　- 나카무라 텐푸(일본 최초의 요가행자)

7 _과 利用^{りょう}することができます

이용할 수 있습니다.

学習ポイント
1. ～たら
2. ～てください/～ないでください
3. ～ことができる

図書館^{としょかん}

雅子 ： 授業^{じゅぎょう}が終^おわったら、一緒^{いっしょ}に図書館へ行^いきませんか？

石井 ： うん、いいですね。ところで、図書館は、どこにあ
るんですか。

雅子 ： 2階^{にかい}にあるそうです。この階段^{かいだん}を上^{のぼ}ってみましょう
か。

石井 ： はい、そうしましょう。

図書館(としょかん)：도서관　　授業(じゅぎょう)：수업　　終わる(おわる)：끝나다　　～たら：～(하)면

階段(かいだん)：계단　　上る(のぼる)：올라가다　　～てみる：～해보다

図書館

(図書館のカウンターで)

雅子 ： あのう、すみませんが、日本の小説を借りたいんですが。

司書 ： この通路をまっすぐ行って、突き当たりを右に曲がってください。

あっ、それから、図書館の中では飲食物は持ち込まないでください。

雅子 ： はい、わかりました。

本は何日間、借りられますか。

司書 ： 貸出は1週間です。

雅子 ： それから、コピーもしたいんですが。

司書 ： コピー機はそこにあります。コピーカードを使って利用することができます。

雅子 ： どうもありがとうございます。

小説(しょうせつ)：소설　　借りる(かりる)：빌리다　　通路(つうろ)：통로　　まっすぐ：바로, 쪽

突き当たり(つきあたり)：막다른 곳　　右(みぎ)：오른쪽　　曲がる(まがる)：돌다, 구부러지다

～てください：～하세요, ～해 주세요　　それから：그리고, 그리고 나서　　飲食物(いんしょくぶつ)：음식물

持ち込む(もちこむ)：갖고 들어오다, 반입하다　　～ないでください：～지 마세요　　コピー機(き)：복사기

コピーカード：복사카드　　使う(つかう)：사용하다　　利用(りょう)：이용　　～ことができる：～할 수가 있다

해설

1. ~たら ~면

「たら」는 과거・완료 조동사 「た」의 가정형이다. 모든 품사의 과거・완료형에 「たら」를 접속한다.

✔ 접속형태

- 동사 　　　예 行く →行ったら
- い형용사 　예 おいしい →おいしかったら
- な형용사 　예 静かだ →静かだったら
- 명사 +だ 　예 銀行員 →銀行員だったら

✔ 의미 용법

(1) 완료의 표현

예 授業が終わったら、いっしょに図書館へ行かない。

(수업 끝나면 같이 도서관에 가지 않을래?)

家へ帰ったら、すぐ電話します。 (집에 돌아가면 곧 전화하겠습니다.)

10時になったら、出かけましょう。 (10시가 되면 나갑시다.)

(2) 조건의 표현

예 もし、日曜日雨でなかったら、海へ遊びにいこう。

(만약 일요일에 비가 안오면 바다로 놀러가자.)

2. 동사의 부정형(ない형)

5단동사	買う (사다)	→	買わない
	書く (쓰다)	→	書かない
	話す (이야기하다)	→	話さない
	立つ (서다)	→	立たない
	死ぬ (죽다)	→	死なない
	呼ぶ (부르다)	→	呼ばない
	読む (읽다)	→	読まない
	取る (집다)	→	取らない
1단동사	食べる (먹다)	→	食べない
	見る (보다)	→	見ない
변격동사	する (하다)	→	しない
	来る (오다)	→	来ない

3. ~ないでください : ~지 마세요

예 ① 飲食物は持ち込まないでください。　(음식물은 가지고 들어오지 마세요.)

② ここでたばこを吸わないでください。(여기서 담배를 피우지 마세요.)

③ 無理に運動しないでください。　(무리하게 운동하지 마세요.)

4. ～たい : ~하고 싶다

동사ます형에 접속한다. 반대표현은「～たくない」이다.

 ① 百科辞典を閲覧したいんですが。 (백과사전을 열람하고 싶습니다만)

② わたしはすしを食^たべたいです。 (나는 스시를 먹고 싶어요.)

③ 靴^{くっ}を買^かいたいです。 (신발을 사고 싶어요.)

③ 何^{なに}も食べたくないです。 (아무것도 먹고 싶지 않아요.)

5. ～ことができる : ~할 수 있다

모든 동사에 사용할 수 있는 가능표현이다. 반대표현은「～ことができない」이다. 동사의 기본형에 접속

 ① 利用することができます。 (이용할 수 있습니다.)

② 漢字^{かんじ}を読^よむことができます。 (한자를 읽을 수 있습니다.)

③ 泳^{およ}ぐことができます。 (수영할 수 있습니다.)

③ わたしは、漢字を読むことができません。 (나는 한자를 못 읽습니다.)

6. 지시어

	사물	장소	방향	체언접속
근칭	これ(이것)	ここ(여기)	こちら(이쪽)	この(이)
중칭	それ(그것)	そこ(거기)	そちら(그쪽)	その(그)
원칭	あれ(저것)	あそこ(저기)	あちら(저쪽)	あの(저)
부정칭	どれ(어느 것)	どこ(어디)	どちら(어느 쪽)	どの(어느)

회화연습   ▷

〈바꿔 말하기〉

1.

女性： 授業が終わったら、一緒に図書館へ行きませんか。

男性： はい、いいですね。ところで、図書館って、どこにあるんですか。

   1. 体育館

   2. コーヒショップ

   3. 郵便局

   4. 市役所

2. 예문처럼 일본어로 말해 보자.

  예 이용할 수 있습니다. / 이용할 수 없습니다. →

   利用することができます。 / 利用することができません。

1) 한자를 읽을 수 있습니다. / 한자를 읽을 수 없습니다.(漢字を読む)

  _____, _____

2) 수영을 할 수 있습니다. / 수영을 할 수 없습니다.(泳ぐ)

  _____, _____

📖 문형연습 ▷

1. 예문처럼 만들어 보세요.

예 右に曲がってください。 → 右に曲がらないでください。

飲食物は持ち込んでください。 → 飲食物は持ち込まないでください。

① 大声で話してください。

➡ _____

② ここでたばこを吸ってください。

➡ _____

③ 無理に運動してください。

➡ _____

2. 예문처럼 고쳐 보세요.

예 いっしょに図書館へ行きませんか。 → いっしょに図書館へ行かない？

今晩いっしょにビールを飲みませんか。 → 今晩いっしょにビール飲まない？

① いっしょに映画を見ませんか。

➡ _____

② いっしょにごはんを食べませんか。

➡ _____

독해연습

> 雅子と石井は授業の後、図書館に行きました。図書館は二階です。
>
> 雅子は日本の小説を借りました。図書館では飲食物は持ち込んではいけません。本は一週間借りられます。コピーすることもできます。コピー機はコピーカードで利用することができます。

質問1・ 図書館では何をすることができますか。あっているものにすべてチェックしなさい。

1. 音楽を聞くことができます。
2. 飲み物を飲むことができます。
3. 本を借りられます。
4. ねることができます。
5. コピーできます。
6. 本を２週間借りられます。

실전연습

1. 퀴즈놀이

<＜クイズ＞

" わたしは だあれ？ "　나는 누굴까?

例) 1. 木の上に住んでいます。

2. 木の葉っぱを食べます。

3. オーストラリアにいます。

例) パンダ、キリン、 ねずみ、象、鰐 など

✎ 동물, 음식 등 이미 학습한 단어를 가지고 친구와 퀴즈놀이를 해 보세요.

（上のクイズの正解：コアラ）

2. 묻고 대답하기

① 授業が終わったら、一緒に食堂へ行きませんか。

➜ _____

② 図書館へ行きたいんですが。

➜ _____

③ コピーをしたいんですが。どうすれば利用できますか。

➜ _____

3. 짧은 글짓기

① 막다른 곳을 오른쪽으로 도세요.

➜ _____

② 음식물은 가지고 들어오지 마세요.

➜ _____

③ 복사카드를 사용해 이용할 수가 있습니다.

➜ _____

교실일본어

좀 쉬고 합시다.

ちょっと(/ すこし) 休みましょう。

선생님, 이 가타카나는 뭐라고 읽습니까?

先生、この カタカナは 何と 読みますか。

뭐라고 (말씀)하셨습니까?

何と おっしゃいましたか。

실례합니다. 실례하겠습니다.

失礼します。

해석 다시 한번 부탁드립니다.

解釈を もう 一度 お願い します。

고미네씨, 이 지우개 좀 빌려줘.

小峯さん、この けしゴムを 貸して。

알았어.

いいよ。

이케가미씨, 이것 좀 가르쳐 줘.

池上さん、これ 教えて ちょうだい。

알았어.

いいよ。

리포트 다 썼어?

レポート もう 書いた。

아직 안 썼어.

まだ 書^かいて (い)ない。

보여줘.

見^みせて ごらん。

잘 했네.

よく できたね。

 일본속담 & 명언

- 雀の涙 (すずめの なみだ)

  직역하면 '참새의 눈물'이라는 뜻으로, 아주 작고 사소한 것을 비유. 한국의 '새발의 피'

- 真面目^{まじめ}とは実行^{じっこう}するということだ。　　－ 夏目漱石(日本の小説家・英文学者)

  성실함이란 실행하는 것이다.

  　　　- 나츠메 소세키(일본의 소설가, 영문학자, 일본의 천엔짜리 지폐 인물)

8 과 よく読めました

잘 읽었습니다.

学習ポイント
1. 동사의 가능표현
2. 동사의 て형

授業中

先生 : それでは、出席をとります。イユミさん。

学生 : はい。

先生 : イユジンさん。

学生 : 欠席です。おなかが痛くて病院へ行きました。

先生 : そうですか。

◆　◆　◆

先生 : みなさん、秋夕は楽しかったですか。

学生 : はい。久しぶりに両親にも会えたし、おいしいものも
たくさん食べられてとてもよかったです。

先生 : 教科書を開けてください。今日は３５ページからで
すね。キム ジナさん。本文を読んでください。

学生 : はい。

読(よ)める : 읽을 수 있다(読むの 가능형)　　出席(しゅっせき)をとる : 출석을 체크하다　　欠席(けっせき) : 결석

おなか : 배　痛い(いたい) : 아프다　秋夕(チュソク) : 추석　楽しい(たのしい) : 즐겁다　両親(りょうしん) : 친척

会(あ)える : 만날 수 있다(会うの 가능형)　　おいしい : 맛있다　食(た)べられる : 먹을 수 있다(食べるの 가능형)

とても : 정말, 대단히　教科書(きょうかしょ) : 교과서　開ける(あける) : 펴다, 열다　開(あ)けてください : 펴주세요

読(よ)んでください : 읽어주세요

103

授業中

◆　◆　◆

先生： はい。よく読めました。ジナさんは日本語が上手に
　　　　なりましたね。

学生： いいえ。やっと日本語が読めるようになりました。

先生： それじゃ、ジナさんの隣の人。練習問題1番の答え
　　　　を、黒板に書いてください。

学生： あのう。よく、わからないんですが。

先生： そうですか。それじゃ、ジナさんの前の人はどうで
　　　　すか？

◆　◆　◆

先生： じゃ、今日はここまでにしましょう。質問はありま
　　　　すか。

学生： いいえ、ありません。

先生： 宿題は、レポートです。日本の七夕について調べて
　　　　ください。来週までに提出してください。みなさ
　　　　ん、お疲れさまでした。

学生： 先生、ありがとうございました。
　　　　遅刻してすみません。

授業中

先生： なぜ遅刻したんですか。

学生： 朝早く起きられなくてすみません。

先生： 今後（こんご）は授業（じゅぎょう）に遅（おく）れないでください。

よく読（よ）めました：잘 읽었습니다(よめる는 よむ의 가능형임)

もう：이제, 벌써, 이미　　やっと：겨우, 가까스로　　～ようになる：～하게 되다　　～だけ：～뿐

答（こた）え：답　　～てください：～해 주세요, ～하세요　　～しましょう：～합시다　　宿題（しゅくだい）：숙제

レポート：레포트　　七夕（たなばた）：칠석(7월7일)　　～について：～에 관해, ～에 대해

調（しら）べる（しらべる）：조사하다　　提出（ていしゅつ）：제출　　お疲（つか）れさまでした：수고하셨습니다

遅刻（ちこく）：지각　　なぜ：왜　　起（お）きられる：일어날 수 있다(起きる의 가능형)

遅（おく）れる（おくれる）：늦다　　～ないで ください：～지 마세요, ～지 않도록 하세요　　今後（こんご）は：앞으로는

해설

1. 동사의 가능표현

동사의 종류에 따라 「~할 수 있다」라는 가능표현은 다음과 같이 만든다.

✔ **동사의 가능형**

구분	기본형(사전형) → 가능형		
5단동사 (Ⅰ그룹동사)	書く (쓰다)	→	書ける (쓸 수 있다)
	読む (읽다)	→	読める (읽을 수 있다)
1단동사 (Ⅱ그룹동사)	見る (보다)	→	見られる (볼 수 있다)
	食べる (먹다)	→	食べられる (먹을 수 있다)
변격동사 (Ⅲ그룹동사)	する (하다)	→	できる (할 수 있다)
	来る (오다)	→	来られる (올 수 있다)

2. ~てください : ~해 주세요, ~하세요

동사 て형+ください의 형태임. 반대표현은 ~ないでください임

예 ① 教科書を開けてください。　　(교과서를 펴주세요.)

② 連絡してください。　　(연락해주세요.)

③ 薬を飲んでください。　　(약을 드세요.)

3. ~ましょう : ~합시다

ます → ましょう의 형태임

① 今日はここまでにしましょう。　　(오늘은 여기까지로 합시다.)

② ちょっと休みましょう。　　(좀 쉽시다.)

③ いっしょに昼ごはんを食べましょう。　　(같이 점심을 먹읍시다.)

4. 동사의 て형 접속

동사가 て형 접속 시, 5단동사는 음편현상이 일어나고, 1단동사는 동사 ます형에 접속된다.

✔ 동사의 て형

5단동사 (음편현상이 발생)	うつ → ってる	使う (사용하다)	→	使って
		待つ (기다리다)	→	待って
		座る (앉다)	→	座って
	むぶ → んでぬ	飲む (마시다)	→	飲んで
		呼ぶ (부르다)	→	呼んで
		死ぬ (죽다)	→	死んで
	く → いて ぐ → いで	書く (쓰다)	→	かいて
		泳ぐ (수영하다)	→	泳いで
		☆예외 行く (가다)	→	行って
	す → して	話す (이야기하다)	→	話して
1단동사 (ます형에 접속)		食べる (먹다)	→	食べて
		見る (보다)	→	見て
변격동사		する (하다)	→	して
		来る (오다)	→	来て

5. 형용사의 て형 접속

형용사가 て형 접속 시, 어간에 くて의 형태를 취하고 「~하여서, ~하여」로 해석된다.

예 ① おなかが痛くて、病院へ行きました。　(배가 아파서 병원에 갔습니다.)

② 難しくてぜんぜんできませんでした。　(어려워서 전혀 못했습니다.)

③ 朝、頭が痛くて起きられませんでした。　(아침에 머리가 아파서 일어날 수 없었습니다.)

6. 위치표현

- ジナさんの隣の人 .... 진아 씨의 옆사람
- ジナさんの前の人 .... 진아 씨의 앞사람
- ジナさんの後ろの人 .... 진아 씨의 뒷사람
- 机の右 .... 책상 오른쪽
- 机の左 .... 책상 왼쪽
- いすの上 .... 의자 위
- いすの下 .... 의자 밑
- かばんの中 .... 가방 안

7. 来週 : 다음주

先週(지난 주)　　今週(이번 주)　　来週(다음 주)　　再来週(다다음 주)

🔊 회화연습 ▷

1. 다음 대화문을 연습하고 예문처럼 고쳐도 보세요.

Q : どこか いたいんですか。

A : おなかが痛いです。

㉠ おなかが痛いです。 → おなかが痛くて、病院へ行きました。
　 배가 아픕니다. 　　　　　배가 아파서 병원에 갔습니다.

① 熱があります。　　 → _____
　 열이 있습니다.

② 風邪をひきました。 → _____
　 감기 걸렸습니다.

③ 病気です。　　　　 → _____
　 아픕니다.

④ 頭が痛いです。　　 → _____
　 머리가 아픕니다.

⑤ のどが痛いです。　 → _____
　 목이 아픕니다.

⑥ 歯が痛いです。　　 → _____
　 이가 아픕니다.

2. 바꿔 말해 보세요.

Q : どこへ行きますか。

A : <u>病院へ行きます。</u>

① 学校へ行きます。　② 図書館へ行きます。　③ スーパーへ行きます。

④ 海へ行きます。　⑤ 家へ帰ります。

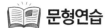 **문형연습**

✓ やって みよう(한번 해보자)

1. 예문처럼 만들어 보세요.

예 日本語を読む。　→　やっと<u>日本語が読める</u>ようになりました。

食べる　→　おいしいものもたくさん<u>食べられて</u>とてもよかったです。

① 日本語を書く。

　　→ _____

② 日本語を聞く。

　　→ _____

③ 泳ぐ

　　→ _____

예 食べる　➡　あさ<ruby>早<rt>はや</rt></ruby>く食べられてとてもよかったです。

④ 起きる

　➡ _____

⑤ 出かける

　➡ _____

⑥ 見る

　➡ _____

독해연습

　授業が始まりました。出席をとっています。イユミさんは出席ですが、イユジンさんは欠席です。お腹が痛くて病院へ行きました。

　先日は秋夕でした。学生たちは久しぶりに両親に会って、おいしいものを食べました。

　では勉強が始まります。今日は教科書35ページからです。キムジナさんが本文を読みます。ジナさんは日本語が上手になりました。

　授業が終わり先生は宿題を出しました。日本の七夕について調べることです。来週までに提出しなければなりません。

質問1 • 本文にあっているものを選びなさい。

1. 今日は全員出席です。

2. 先日は秋夕で学生たちは学校へ来ました。

3. 昨日は35ページから勉強しました。

4. キムジナさんは本文を読みました。日本語が上手になりました。

5. 宿題は日本の秋夕について調べることです。

6. 宿題は来週までに提出です。

 실전연습

1. 가능표현 연습

＜可能表現　演習＞

참고단어 : 日本語, 英語, 字を書く, 読む, 話す, 飲む, 食べる, 寝る, 泳ぐ, 歌を, 歌う, 帰る 等

✎ 자기가 할 수 있는 일에 관해서 동사의 가능표현을 활용해 옆사람과 대화를 해 보세요.

2. 묻고 대답하기

① イユジンさん。欠席^{けっせき}ですね。 どうかしたんですか。

→ _____

② 秋夕は楽しかったですか。

→ _____

③ もう日本語は上手になりましたね。

→ _____

3. 짧은 글짓기

① 다음 주까지 제출해 주세요.

→ _____

② 선생님 수고하셨습니다.

→ _____

③ 아침 일찍 일어나지 못해 지각했습니다.

→ _____

교실일본어

〈수업 마무리〉

뭔가 질문 있습니까?

何か 質問は ありますか。

잃은 물건은 없습니까? 잃은 사람은 손을 드세요.

忘れ物は ありませんか。忘れた 人は 手を あげなさい。

다음 주 수업은 없습니다.

来週の 授業は 休みです。

질문이 없는 것 같으니 오늘 수업은 이것으로 끝내겠습니다.

質問が ないようですから 今日の 授業は これで 終わります。

오늘은 이것으로 마치죠.

今日は これで 終わりましょう。

모두 잘 했습니다.

みんな よく がんばりました。

일본속담 & 명언

• 知らぬが仏 (しらぬが ほとけ)

　직역하면 '모르는 것이 부처님'이라는 뜻으로, 자기 혼자 모른 채 태평한 것을 비유.
한국의 '모르는 것이 약'

• 人生は「得手に帆あげて」生きるのが最上だと信じている。

－ 本田宗一郎(日本の本田技研工業創業者)

(단어: 得手 → 가장 자신 있는 일, 특기, 帆 → 돛)

인생은 '가장 자신있는 일에 돛을 달고 매진하여 신나게' 사는 것이 최상이라고 믿고 있다.
- 혼다 소이치로(혼다기술공업 창업자)

9 과

<ruby>雨<rt>あめ</rt></ruby>に<ruby>降<rt>ふ</rt></ruby>られた

비를 맞았다.

学習ポイント
1. (동사) 수동
2. (동사) 사역
3. (동사) 사역수동

会話 1

部長 : <ruby>今週中<rt>こんしゅうちゅう</rt></ruby>にだれかインターネットで<ruby>調査<rt>ちょうさ</rt></ruby>してもらえますか。

曹 : ぜひ僕にやらせていただきたいんですが。ぼくは日本語と韓国語、<ruby>両方<rt>りょうほう</rt></ruby>ができますし、それに、その<ruby>仕事<rt>しごと</rt></ruby>には<ruby>興味<rt>きょうみ</rt></ruby>があるんです。

部長 : じゃ、<ruby>曹<rt>ゾ</rt></ruby>君にやってもらおうか。だが、いま曹君のやってる仕事の<ruby>方<rt>ほう</rt></ruby>はだれかに<ruby>手伝<rt>てつだ</rt></ruby>ってもらわなければならないだろう。

横田 : 私でよかったらお<ruby>手伝<rt>てつだ</rt></ruby>いさせてください。

部長 : じゃ、<ruby>横田<rt>よこた</rt></ruby>くん、<ruby>頼<rt>たの</rt></ruby>むよ。

今週中(こんしゅうちゅう) : 이번 주 중으로   インターネット : 인터넷   調査(ちょうさ) : 조사

~てもらう : ~해주다, ~해받다   やらせる : ~시키다, ~하게 하다(やる의 사역형)

やらせていただきたい : 시켜줬으면 좋겠다   両方(りょうほう) : 양쪽, 둘 다   それに : 게다가

仕事(しごと) : 일   興味(きょうみ) : 흥미   ~なければならない : ~하지 않으면 안 된다, ~해야 한다

手伝(てつだ)いさせる : 돕게 하다, 거들게 하다(手伝いする의 사역형)   頼(たの)むよ : 부탁해

会話 2

太郎 : こんばんは。弟さんは。

道子 : お使いに行かせたの。

太郎 : 今日はいやなことばかりだったよ。

道子 : どうして。

太郎 : バスが遅れて1時間30分も待たされたし、バスを下りてからは雨に降られたし、教室では居眠りをしてみんなに笑われたし…。

道子 : でも、成績がいいって先生がほめてくれたじゃないの。

太郎 : ほめてくれたんじゃなくて、前よりいいって言っただけだよ。
それに先輩に掃除の手伝いをさせられたし、今日は本当に大変な一日だったよ。

お使(つか)い : 심부름　　　行(い)かせる : 보내다, 가게 하다(行く의 사역형)　　　いやなこと : 불쾌한 일

～ばかり : ～뿐　　どうして : 왜, 어째서　　遅れる(おくれる) : 늦다　　～し, ～し : ～하고, 하고

居眠(いねむ)りをする : 졸다　　～に笑(わら)われる : ～에게 비웃음을 당하다　　成績(せいせき) : 성적

ほめる(褒める) : 칭찬하다　　～てくれる : ～해 주다(누가 나에게)　　それに : 게다가

掃除(そうじ)の手伝いをさせられたし : 청소를 거들어야 했고　　大変(たいへん)な : 힘든

해설

1. (동사) 수동

~れる/られる　　(~에게 ~함을) 당하다(되다)

✔ 동사의 수동형 접속방법

동사 ない형에 접속한다.

구분	기본형(사전형) → 수동형		
5단동사 (Ⅰ그룹동사)	書く (쓰다)	→	書かれる (쓰이다)
	読む (읽다)	→	読まれる (읽히다)
1단동사 (Ⅱ그룹동사)	見る (보다)	→	見られる (보이다)
	食べる (먹다)	→	食べられる (먹히다)
변격동사 (Ⅲ그룹동사)	する (하다)	→	される (되다)
	来る (오다)	→	来られる (오다, 와지다)

✔ 의미·용법

예 ① 先生に叱られる。(선생님한테 혼나다./꾸중을 듣다.)

② 雨に降られて風邪をひきました。(비를 맞아 감기 걸렸습니다.)

③ 母にわたしの日記を読まれた。(엄마가 내 일기를 훔쳐 보았다.)

　☆母がわたしの日記を読んだ。(엄마가 내 일기를 보았다.)

④ 昨夜は一晩中、子供になかれて眠れなかった。

　(어제 밤에는 밤새 아기가 울어서 잠을 못 잤다.)

✔ **참고 1**

~れる/られる는 <수동>의 의미 이외에 <존경>, <자발>, <가능>을 나타낸다.

<수동> : 雨に降られた。　　　　(비를 맞았다.)

<존경> : 先生が来られた。　　　(선생님이 오셨다.)

<자발> : 昔のことが思われる。(옛날 일이 생각난다.)

<가능> : 明日の3時までに来られますか。(내일 3시까지 오실 수 있습니까?)

✔ **참고 2**

상태의 의미가 강한 동사는 수동형이 되기 어렵다.

예 見える / 聞こえる / できる / ある 등

2. (동사) 사역

　~せる/させる　　(~에게 ~을) 시키다(하게 하다)

✔ **동사의 사역형 접속방법**

동사 ない형에 접속한다.

구분	기본형(사전형) → 사역형		
5단동사 (Ⅰ그룹동사)	書く (쓰다)	→	書かせる (쓰게 하다)
	読む (읽다)	→	読ませる (읽게 하다)
1단동사 (Ⅱ그룹동사)	見る (보다)	→	見させる (보게 하다)
	食べる (먹다)	→	食べさせる (먹게 하다)
변격동사 (Ⅲ그룹동사)	する (하다)	→	させる (하게 하다)
	来る (오다)	→	来させる (오게 하다)

✔ **의미·용법**

예
① 先生が私に日本語の本を読ませた。 (선생님이 나에게 일본어 책을 읽게 했다.)
② 娘をアメリカへ留学させました。 (딸을 미국에 유학시켰습니다.)
③ 友だちに怪我をさせてしまった。 (친구에게 부상을 입히고 말았다.)
④ 弟をお使いに行かせた。 (동생을 심부름 보냈다.)

3. (동사) 사역수동

～せられる(される)/させられる (할 수 없이, 어쩔 수 없이) ～해야 하다

✔ **동사의 사역수동형 접속방법**

동사 ない형에 접속한다. 5단동사에 한해「せられる」는「される」로 축약가능하다.
단, 어미가 す로 끝나는 동사는 불가능하다.

구분	기본형(사전형) → 사역형
5단동사 (Ⅰ그룹동사)	会う (만나다) → 会わせられる/会わされる (만나게 하다) 書く (쓰다) → 書かせられる/書かされる (쓰게 하다) 話す (이야기하다) → 話させられる/■(불가)(이야기하게 하다) 待つ (기다리다) → 待たせられる/待たされる (기다리게 하다) 読む (읽다) → 読ませられる/読まされる (읽게 하다) ☆어미 す →「話さされる」는 불가
1단동사 (Ⅱ그룹동사)	見る (보다) → 見させられる (보아야 하다) 食べる (먹다) → 食べさせられる (먹어야 하다)
변격동사 (Ⅲ그룹동사)	する (하다) → させられる (해야 하다) 来る (오다) → 来させられる (와야 하다)

✔ 의미 · 용법

예 ① 歓迎会で先輩に無理にお酒を飲まされた。

(환영회에서 선배가 강제로 줘서 어쩔 수 없이 술을 마셔야 했다.)

② あの人のせいで忘れたい記憶が思い出させられた。

(그 사람으로 인해 잊고 싶은 기억이 떠올랐다.)

③ 彼女に3時間も待たされた。　　(그녀를 3시간이나 기다려야 했다.)

④ 嫌な犯人の顔を見させられた。　(싫은 범인의 얼굴을 보아야 했다.)

🔊 회화연습　　　　　　　　　　　　　　　　　　➤

1. 다음처럼 만들어 보세요.

A : ぜひ僕にやらせてください。(やる)

B : じゃ、横田くん、頼むよ。

① (読む)

A : _____

② (行く)

A : _____

③ (見る)

A : _____

④ (食べる)

　　A : ＿＿＿＿＿＿＿＿＿＿＿＿＿＿＿＿＿＿＿＿

⑤ (する)

　　A : ＿＿＿＿＿＿＿＿＿＿＿＿＿＿＿＿＿＿＿＿

⑥ (来る)

　　A : ＿＿＿＿＿＿＿＿＿＿＿＿＿＿＿＿＿＿＿＿

2. 다음처럼 고쳐서 대화 연습을 해 보세요.

A : 私にお手伝いさせてください。(お手伝いする)

B : じゃ、山田さんにやってもらおうか。

⑦ (調査する)

　　A : ＿＿＿＿＿＿＿＿＿＿＿＿＿＿＿＿＿＿＿＿

⑧ (運転する)

　　A : ＿＿＿＿＿＿＿＿＿＿＿＿＿＿＿＿＿＿＿＿

📖 **문형연습** ➤

✓ **やって みよう(한번 해보자)**

1. 예문처럼 만들어 보세요.

[예] 雨、降る ➡ 雨に降られた

① 赤ちゃん、泣く

➡ _____

② 母、日記を読む

➡ _____

③ 先生、叱る

➡ _____

④ バス、行く

➡ _____

[예] 先輩、掃除の手伝い、する ➡ 先輩に掃除の手伝いをさせられた

④ 先輩、お酒、飲む

➡ _____

⑤ 先生、日本語の漢字、覚える

➡ _____

⑥ 彼女、1時間も，待つ

→ _____

 **독해연습**

> <会話1>
>
> 　部長はインターネットの調査を曹さんにさせることにしました。曹は日本
> 語と韓国語ができます。それから、仕事に興味があります。その調査に横田
> が手伝うことになりました。

質問1・ 本文の内容にあっているものを選びなさい。

1. 部長はインターネットの調査を自分でしました。

2. 曹は日本語と英語が上手です。

3. 層は仕事に興味があります。

4. 曹は一人でインターネットの調査をします。

5. 横田が仕事を手伝います。

<会話2>

太郎は今日、いやなことばかりでした。バスが遅れて1時間30分も待った
し、バスを降りてからは雨に降られたし、教室で居眠りをしていてみんなに
笑われました。成績がいいと先生からはほめられましたが、先輩に掃除の手
伝いをさせられました。

質問2・ 太郎は今日、何がありましたか。あっているものを選びなさい。

1. バスが1時間30分早く来た。

2. 今日は雨が降ってぬれた。

3. 教室でともだちが居眠りをしてみんなが笑った。

4. 成績がいいとほめられた。

5. 先輩に掃除をさせられた。

실전연습

1. 사역 · 수동표현 연습

<使役・受動表現演習>

(例文)

＜어제는 엉망인 하루＞

昨日は大変な１日でした。

バスの中では太った男に足を踏まれたし、バスを降りては雨に降られたし、

授業中は居眠りをして先生にしかられたし、本当に散々な一日でした。

＜어렸을 때 엄마는 나에게＞

子供の時、母は私に日記を書かせました。

子供の時、母は私にオーストラリアへ留学させました。

......

참고단어 : ～せる/させる, ～れる/られる, ～せられる(される)/させられる 등

✐ 자기가 최근 경험했던, 사역, 수동표현을 활용해 연습해 보세요.

2. 동사의 사역, 수동형을 만들어 보세요.

동사 기본형	의미	사역형	수동형
会(あ)う	만나다		
行(い)く	가다	いかせる	いかれる
歩(ある)く	걷다		
借(か)りる	빌리다		
待(ま)つ	기다리다		
急(いそ)ぐ	서두르다		
食(た)べる	먹다	たべさせる	たべられる
始(はじ)まる	시작되다		
話(はな)す	이야기하다		
起(お)きる	일어나다		
見(み)る	보다		
帰(かえ)る	돌아가다(오다)		
使(つか)う	사용하다		
教(おし)える	가르치다		
書(か)く	쓰다		
滑(すべ)る	미끄러지다		
寝(ね)る	자다		
通(かよ)う	다니다		
来(く)る	오다		
する	오다		

✎ 동사의 종류를 생각하며 만들어 보세요.

3. 옆사람과 묻고 대답하기

① だれかに手伝<ruby>手伝<rt>てつだ</rt></ruby>ってもらいたいんだが。

→ _____

② 先輩<ruby>先輩<rt></rt></ruby>に無理<ruby>無理<rt>むり</rt></ruby>にお酒を飲<ruby>飲<rt></rt></ruby>まされたことがありますか。

→ _____

③ 子供の時、お母さんはあなたに日記<ruby>日記<rt>にっき</rt></ruby>を書かせましたか。

→ _____

4. 짧은 글짓기

① 내일까지 누군가가 인터넷으로 조사해 주었으면 하는데…

→ _____

② 동생을 심부름 보냈다.

→ _____

③ 그녀를 3시간이나 기다려야 했다.

→ _____

교실일본어

〈숙제〉

숙제를 내겠습니다.
宿題を 出します。

숙제는 일본 문화 중에서 관심 있는 테마를 하나 선택하여 나름대로 조사해 오는 일입니다.
宿題は 日本文化の 中で 関心の ある テーマを ひとつ 選んで 自分なりに 調べて くる ことです。

숙제는 잊지 말고 확실하게 해 오세요.
宿題は 忘れないで きちんと やって 来て ください。

제출 마감은 다다음 주 이 시간까지 입니다.
しめきりは 再來週の この 時間までです。

제출방법은 이메일을 이용해서 파일로 보내 주세요.
提出の 方法は Eメールを 利用して ファイルで 送って ください。

나중에 발표시간을 가질 예정입니다.
あとで 発表の 時間を もつ 予定です。

다음 주 숙제 프린트물을 거두겠습니다. 잊지 않도록 합시다.
来週 宿題の プリントを 集めます。 忘れないように しましょう。

저번에 내준 과제물을 제출해 주세요.
この 間の 宿題を 出して ください。

일본속담 & 명언

- 泣き面に蜂(なみつらにはち)

  직역하면 '우는 얼굴에 벌'이라는 뜻으로, 한국의 '엎친 데 덮친 격', '설상가상

- <ruby>人生<rt>じんせい</rt></ruby>の<ruby>目的<rt>もくてき</rt></ruby>は、「<ruby>自分<rt>じぶん</rt></ruby>の<ruby>人生<rt>じんせい</rt></ruby>の<ruby>目的<rt>もくてき</rt></ruby>」をさがすことである。

  − 五木寛之(日本の小説家・エッセイスト・評論家)

  인생의 목적은, '자신의 인생의 목적'을 찾는 것이다.

  - 이츠키 히로유키(일본의 소설가, 수필가, 언론가)

10 ^과 お持ちしました

もgガ지고 왔습니다.

学習ポイント
1. 경어표현
2. お~する
3. お~になる

研究室(けんきゅうしつ)

学生(がくせい)A : （トントン）失礼(しつれい)します。

教授(きょうじゅ) : どうぞ。

学生A : 宿題(しゅくだい)のレポートを集(あつ)めて、お持(も)ちしました。

教授 : あっ、どうもありがとう。そこの机(つくえ)の上(うえ)に置(お)いてく
ださい。それから、石井さん。こちら長さん。中国(ちゅうごく)
の留学生(りゅうがくせい)ですよ。

学生B : はじめまして。わたし長です。どうぞよろしく。

学生A : はじめまして。石井と申(もう)します。どうぞよろしく。

教授 : 長さんは、韓国(かんこく)へ来(き)たばかりなので、いろいろと教(おし)
えてあげてください。

研究室(けんきゅうしつ)：연구실　　　失礼(しつれい)します：실례합니다　　　集(あつ)める(あつめる)：모으다, 거두다

お持(も)ちしました：가져왔습니다(持つ의 겸양표현)　　　置(お)く(おく)：두다　　　留学生(りゅうがくせい)：유학생

~と申(もう)します：~라고 합니다(겸양표현)　　　~たばかりだ：막~했다, ~한 지 얼마 안 되었다

いろいろと：여러 가지로, 여러모로　　　~てあげる：~해주다

研究室(けんきゅうしつ)

学生A : 長さんは、いつ韓国へいらっしゃったんですか。

学生B : 今年(ことし)の3月(がつ)です。あのう、もしよかったら、買い物(かいもの)とか、つきあっていただけませんか。

学生A : もちろん大丈夫(だいじょうぶ)ですよ。困(こま)ったことがあったら、いつでも言(い)ってください。

学生B : ありがとうございます。

◆ ◆ ◆

学生 : もしもし、田中先生のおたくでしょうか。私、木村ともうしますが、いらっしゃいますか。

奥さん : すみません、今、主人(しゅじん)はまだ帰っておりませんが。

学生 : ああ、そうですか。何時くらいにお帰りになりますか。

奥さん : 8時くらいには帰ってくると思います。

学生 : では、8時ごろまたおかけします。

奥さん : はい、お願いします。

いつ : 언제   いらっしゃる : 오시다, 가시다, 계시다(行く, 来る, いる의 존경어)

もしよかったら : (만약) 괜찮으시면   買い物(かいもの) : 물건사기, 쇼핑   ～とか : ～라든가, ～라든지

つきあう(付き合う) : 사귀다, 함께 하다   ～ていただく : ～해주시다

～ていただけませんか : ～해주시지 않으시겠습니까?   困る(こまる) : 곤란하다, 어려운 일을 겪다

お宅 : 댁   主人(しゅじん) : 남편   ～ておる : ～ている의 겸양어   (電話を)かける : 걸다

해설

1. 경어표현

✔ **경어(敬語)의 종류**

① 존경어(尊敬語) : 상대를 높여 존경을 표하는 말.

② 겸양어(謙讓語) : 자신을 낮추어 상대편을 높이는 말.

③ 정중어(丁寧語) : 말투를 공손히 하여(예의를 차려서) 하는 말

2. ~れる/られる : ~하시다(경어)

동사의 ない형에 れる/られる를 붙여 만든다.

✔ **조동사 れる/られる(하시다) 형태의 존경형**

구분	기본형(사전형) → 사역형		
5단동사 (Ⅰ그룹동사)	書く (쓰다)	→	書かれる (쓰시다)
	読む (읽다)	→	読まれる (읽으시다)
1단동사 (Ⅱ그룹동사)	着る (입다)	→	着られる (보게 하다)
	教える (가르치다)	→	教えられる (먹게 하다)
변격동사 (Ⅲ그룹동사)	する (하다)	→	される (하시다)
	来る (오다)	→	来られる (오시다)

3. お(ご)~になる : ~하시다(존경)

~부분에는 동사의 ます형이 들어간다.

예 三味線の音をお聞きになったことがありますか。

(샤미센 소리를 들으신 적이 있습니까?)

4. お(ご)~ください : ~해 주십시오(존경)

~부분에는 동사의 ます형이 들어간다.

예 こちらにお名前とご住所をお書き下さい。

(여기에 성함과 주소를 써 주십시오.)

5. お~する/いたす : ~하다/~해 드리다(겸양)

~부분에는 동사의 ます형이 들어간다.

예 宿題のレポートを集めて、お持ちしました。

(숙제 리포트를 거둬 가지고 왔습니다.)

6. お~いただく : ~주시다(겸양)

~부분에는 동사의 ます형이 들어간다.

예 ちょっとお待ちいただければ、すぐお知らせいたします。

(잠시 기다려 주시면, 바로 알려드리겠습니다.)

7. ～ていただく : ～주시다(겸양)

～부분에는 동사의 て형이 들어간다.

예 ① 教えていただけませんか。　　(가르쳐 주실 수 없으시겠습니까?)

② 写真を撮っていただけませんか。　　(사진을 찍어 주실 수 없으시겠습니까?)

③ 辞書を貸していただけませんか。　　(사전을 빌려 주실 수 없으시겠습니까?)

* ～させていただきます。～하겠습니다(겸양)　発表させていただきます。

8. 경어의 [お/ご]

존경어, 겸양어, 정중어로 쓰인다.

• 존경어로 쓰이는 예 → ご家族(가족), お誕生日(생신)

• 겸양어로 쓰이는 예 → ご案内(안내), お知らせ(통보)

• 정중어로 쓰이는 예 → お花(꽃), お酒(술)

9. 특별한 경어동사

✔ 주요 경어동사

구 분	사 례	
존경어	なさる 召し上がる くださる ごらんになる	おっしゃる いらっしゃる おいでになる

구 분	사 례
겸양어	まいる　　　　　　　うかがう おる　　　　　　　　いただく 頂戴<ちょうだい>する 拝見<はいけん>する、お目<め>にかかる 申<もう>す、申<もう>し上<あ>げる 存<ぞん>じる 存<ぞん>じ上<あ>げる かしこまる、承知<しょうち>する
정중어	です　　　　　　　　ます ございます

10. 경어표현

보통어	정중어	존경어	겸양어
	ます	お（ご）〜になります/ れる/られる	お（ご）〜します
話<はな>す	話<はな>します	お話しになります 話されます	お話しします
出<で>かける	出<で>かけます	お出かけになります 出かけられます	
説明<せつめい>する	説明<せつめい>します	ご説明になります 説明されます	ご説明します

11. 특별한 형태의 존경어/정중어 표현

보통어	정중어	존경어 (先生が)	겸양어 (私が)
行く	行きます	いらっしゃいます	まいります/うかがいます
来る	来ます	いらっしゃいます	まいります/うかがいます
いる	います	いらっしゃいます	おります
言う	言います	おっしゃいます	申します / 申し上げます
見る	見ます	ご覧になります	拝見します
飲む	飲みます	召し上がります	いただきます
食べる	食べます	召し上がります	いただきます
知っている	知っています	ご存じです	存じております 存じ上げております
する	します	なさいます	いたします
(教え)ている	(教え)ています	(教え)ていらっしゃいます	(教え)ております
くれる	くれます	くださいます	
もらう	もらいます		いただきます
あげる	あげます		さしあげます
会う	会います	お会いになります	お目にかかります
聞く	聞きます	お聞きになります	うかがいます

12. ~たばかりだ : 막 ~했다, ~한 지 얼마 안 되었다

> 예 ① かれは韓国に来たばかりなので。 (그는 한국에 온지 얼마 안 되니까.)

13. ~て いらっしゃる : ~하고 계시다

「~て いる」의 경어표현임. 動詞의 연용형에 접속된다.

> 예 ① お父さんは 今 何を して いらっしゃいますか。
> (아버님은 지금 무엇을 하고 계십니까?)
>
> ② 先生は教室で日本語を教えていらっしゃいます。
> (선생님은 교실에서 일본어를 가르치고 계십니다.)
>
> ③ 部屋で小説を読んでいらっしゃいます。
> (방에서 소설을 읽고 계십니다.)
>
> ④ いま何を探していらっしゃいますか。
> (지금 무엇을 찾고 계십니까?)

14. ~で いらっしゃる : ~이시다

「~です」의 경어표현임. 명사에 접속된다.

> 예 ① あのかたは日本語の先生でいらっしゃいますか。
> (저 분은 일본어 선생님이십니까?)
>
> ② こちらは金先生でいらっしゃいます。
> (이쪽은 김선생님이십니다.)

15. いただく

① 「食べる(먹다)」, 「飲む(마시다)」, 「もらう(받다)」의 겸양어

- えんりょなく いただきます。(食べる)　　(사양하지 않고 먹겠습니다.)
- もう 十分に いただきました。(飲む)　　(벌써 충분히 먹었습니다.)
- 先生から 手紙を いただきました。(もらう)　(선생님으로부터 편지를 받았습니다.)

② 「いただきます」:「잘 먹겠습니다」라고 식사하기 전에 하는 인사말

③ 「頂戴する」와 동의어로 「もらう」의 겸양어이다.

16. ～ので/～なので : ~이라서, ~이므로, ~하기 때문에

동사와 い형용사는 보통체에 「ので」가 붙고, 명사와 な형용사는 「なので」 형태로 연결된다.

<동사>	行くので
<い형용사(현재)>	新しいので
<な형용사(현재)>	静かなので
<명사(현재)>	学生なので

예 ① えんぴつを忘れたので、友達に借りました。

（연필을 잊고 왔기에, 친구에게 빌렸습니다.）

② 今日は暇なので、家でテレビを見ます。

（오늘은 한가해서 집에서 TV를 봅니다.）

③ 母が病気なので、家へ帰ります。

（어머니가 아파서 집으로 돌아갑니다.）

17. ～てあげる : ~해주다

동사의 て형에 접속

 ① 私は木村さんに本を貸してあげました。

(나는 기무라씨에게 책을 빌려 주었습니다.)

② キムさんは鈴木さんの引っ越しを手伝ってあげました。

(김씨는 스즈키씨에 이사를 도와주었습니다.)

③ いろいろと教えてあげてください。

(여러모로 가르쳐 주세요.)

회화연습

1. 다음처럼 대화문을 만들어 보세요.

主人、帰る→

Q : 主人はまだ帰っておりませんが。

A : ああ、そうですか。何時くらいにお帰りになりますか。

① 社長、もどる　→　(사장, 돌아오다)

　　Q : _____

　　A : _____

② 部長、でかける　→　(부장, 나가다)

　　Q : _____

　　A : _____

📖 **문형연습** ▷

✓ やって みよう(한번 해보자)

1. 예문처럼 만들어 보세요.

예 履歴書、持つ ➡ 履歴書をお持ち下さい。

➡ 履歴書をお持ちしました。

① 20分ほど、待つ

➡ _____

➡ _____

② 空港まで、送る。

➡ _____

➡ _____

③ 明日、電話

➡ _____

➡ _____

예 漢字の読み方、教える ➡ 漢字の読み方を教えていただけませんか。

④ 写真、撮る

➡ _____

⑤ 辞書、貸す

→ _____

⑥ 家、帰る

→ _____

독해연습

研究室で教授が中国の留学生を石井さんに紹介しました。名前は張です。教授が石井さんに留学生の張さんにいろいろと教えてあげなさいと言いました。

張さんは今年の3月に韓国に来ました。買い物とか大変なので石井さんがいっしょに行くことにしました。

石井さんは夜、用事があって先生に電話をしましたが、まだ、帰宅していませんでした。先生の奥さんは8時くらいに先生が帰ってくると言いました。それで石井はまた、8時ごろまた、電話をかけると言いました。

質問1・ 内容にあっているものを選びなさい。

1. 教授は留学生の張を石井に紹介しました。

2. 張さんは去年の3月に韓国に来ました。

3. 張さんは石井さんといっしょに買い物をすることにしました。

4. 石井さんは朝、用事があって電話をしました。

5. 先生は家にいました。

6. 先生は8時ごろに帰ってきます。

7. 先生は帰宅したら石井に電話します。

 실전연습

1. 경어표현 연습

<敬語表現演習>

（先生が……）

（私が　……）

참고단어 :

お(ご), お(ご)〜なります/お(ご)〜します, れる/られる, いただく

拝見する, お目にかかる, 申す, なさる, おっしゃる, 召し上がる,

いらっしゃる, ごらんになる 等

✎ 존경어, 겸양어, 정중어를 활용해 경어표현을 연습해 보세요.

2. 묻고 대답하기

① もしよかったら、買い物とか、つきあっていただけませんか。

→ _____

② いつ束草へいらっしゃったんですか。

→ _____

③ おとうさんは何時くらいにお帰りになりますか。

→ _____

3. 짧은 글짓기

① 숙제 리포트를 거둬 가지고 왔습니다.

→ _____

② 야마다씨는 한국에 온지 얼마 안 되니까, 여러모로 가르쳐주도록 하세요.

→ _____

③ 일본에 가 보신 적이 있습니까?

→ _____

교실일본어

〈시험〉

다음 주 시험이 있습니다.
来週 テストが あります。
（らいしゅう）

모두 분발해 주세요.
みんな がんばって ください。

시험을 시작하겠습니다.
テストを 始めます。
（はじ）

먼저 번호와 이름을 적으세요.
まず、番号と 名前を 書いて ください。
（ばんごう）（なまえ）（か）

그럼 시작하세요.
では、始めて ください。
（はじ）

이제 10분 남았습니다.
あと 十分です。
（じっぷん）

시간이 다됐습니다. 멈추세요.
時間が きました。止めて ください。
（じかん）（や）

답안용지를 거둬 주세요.
答案用紙を 集めて ください。
（とうあんようし）（あつ）

답을 매겨 봅시다.
答え会わせを しましょう。
（こた）（あ）

맞습니다.
合って います。
（あ）

틀립니다.

間違（まちが）って います。

100점 만점입니다. 잘 했습니다.

百点満点（ひゃくてんまんてん）です。よく できました。

52점입니다. 분발합시다.

五十二点（ごじゅうにてん）です。がんばりましょう。

 일본속담 & 명언

- 馬の耳に念仏(うまのみみにねんぶつ)

  직역하면 '말귀에 대고 염불'이라는 뜻으로, 아무리 일러도 알아듣지 못하는 것을 비유함. 속담의 '쇠귀에 경 읽기'와 유사하다.

- 平凡（へいぼん）なことを完璧（かんぺき）にやり続（つづ）けることで胆力（たんりょく）がつく。

  − 稲盛和夫(日本の実業家)

  평범한 것을 완벽하게 계속해서 하는 것으로 담력이 붙는다.

  - 이나모리 카즈오(일본의 사업가)

11 과

一寸法師

잇슨보시(엄지동자)

줄거리 일본의 유명한 옛날이야기의 하나. 「잇슨보시(一寸法師)」는 어머니의 손가락 크기만 하게 태어난 엄지동자 이야기로, 작은 체구지만 어린 시절부터 남달리 영특하여 모험을 하게 되었고, 의로운 행동으로 도깨비를 물리친 후, 멋진 남자로 변신해 부잣집 딸과 행복하게 살았다는 이야기이다.

むかしむかし、あるところにおじいさんとおばあさんが住んでいました。

옛날 옛적, 어느 마을에 할아버지와 할머니가 살고 있었습니다.

子供がいなかったのでおじいさんとおばあさんは寂しくて、「手の指ほどの小さい子供でもいいからお授けください。」とお天道様にお願いしました。

할아버지와 할머니는 자식이 없었던 탓에 쓸쓸한 나머지, '손가락만한 조그만 아이라도 좋으니 내려주십시오.'라며 햇님에게 빌었습니다.

ある日、本当に手の指くらいの子供が生まれてきました。

그러자 어느 날 정말로 손가락만한 아이가 태어났습니다.

おじいさんとおばあさんは喜びました。

할아버지와 할머니는 기뻤습니다.

とても小さい男の子だったので、一寸法師という名をつけ、かわい

がって育てました。

그 아이는 너무나 작은 사내아이라서, 잇슨보시(엄지동자)라는 이름을 붙여, 귀여워하며 키웠습니다.

けれども、三年たっても一寸法師はちっとも大きくなりません。

하지만, 3년이 지나도 잇슨보시는 조금도 커지지 않는 것이었습니다.

五年たっても、大きくなりません。

5년이 지나도, 커질 기색이 없었습니다.

十年たっても、一寸法師はまだ生まれたときと同じように手の指の

高さの男の子です。

10년이 지나도, 잇슨보시는 아직 태어났을 적과 같은 크기의 손가락만한 키의 사내아이였습니다.

おじいさんとおばあさんは心配になりましたが、いくら大事にして

も、いくら食べさせても一寸法師は大きくなりません。

할아버지와 할머니는 걱정은 되었지만, 아무리 잘 보살펴도, 아무리 잘 먹여도 잇슨보시는 자라지
않았습니다.

小さな一寸法師は、家でおばあさんの手伝いもできないし、畑でおじいさんと一緒に働いても草を一本しか運べません。

자그마한 잇슨보시는, 집에서 할머니의 일도 도울 수 없었으며, 밭에서 할아버지와 함께 일을 해도 풀 한포기 밖에 옮길 수 없었습니다.

一寸法師は踊りと歌が上手になりましたが背が伸びないので仕事ができません。

잇슨보시는 춤도 잘 추고 노래도 능숙해졌지만, 키가 자라지 않는 탓에 일을 할 수가 없었습니다.

それに村の子供たちにいつもばかにされていました。

거기다 마을 어린아이들에게 언제나 바보 취급을 당했습니다.

みなは一寸法師のことを「ちび、ちび」と呼んでいました。

모두들 잇슨보시를 "꼬맹이, 꼬맹이" 라고 불렀습니다.

一寸法師はつまらなくてある日、旅に出かけることにしました。

따분해서 잇슨보시는 어느 날 여행을 떠나기로 결심했습니다.

おじいさんとおばあさんに「わたしは都に仕事を見つけに行きます。」と言いました。

할아버지와 할머니에게는 "저는 한양에 일을 찾으러 가겠습니다." 라며 말했습니다.

おじいさんとおばあさんは寂しかったけれども、しかたがなく、一寸法師にお椀とお箸と針を持たせました。

할아버지와 할머니는 슬펐지만, 어쩔 수 없어, 잇슨보시에게 그릇과 젓가락 그리고 바늘을 가져가게 했습니다.

そして、一寸法師はお椀を傘のかわりにかぶって、針を刀にし、お箸を杖のかわりにして都にむかって歩きはじめました。

그리하여, 잇슨보시는 그릇을 우산 대신으로 뒤집어 쓰고, 바늘을 칼로, 젓가락을 지팡이 삼아 한양을 향해 걷기 시작했습니다.

一寸法師は歩きつづけましたが、行けども行けども都は遠くてまだ着きません。

잇슨보시는 계속 걸었지만, 가도 가도 한양은 멀어 아직 도착하지 못했습니다.

途中で、ありに会って、道を尋ねました。

가던 도중, 개미를 만나, 길을 물었습니다.

「たんぽぽ横町、つくしのはずれ、川をあがる。」と、ありが教えてくれました。

"민들레 골목에서 뱀밥 변두리를 지나 강을 올라가" 라고 개미가 길을 가르쳐 주었습니다.

152

一寸法師はたんぽぽの中を歩き、つくしの中を歩きつづけて、川に着きました。

잇슨보시는 민들레를 지나, 뱀밥을 지나, 강에 도착하였습니다.

かぶっていたお椀を船にして、お箸の杖を櫂にして、一寸法師は力いっぱい川をこぎあがって行きました。

쓰고 있던 그릇을 배로, 젓가락 지팡이를 노로 삼아, 잇슨보시는 있는 힘껏 강을 저어 거슬러 올라갔습니다.

やっと、大きな橋のところに来ると、おおぜいの人がその橋を渡っていたので、「ここは都だ。」と思って一寸法師はお椀の船を降りました。

드디어, 커다란 다리가 있는 곳까지 오자, 많은 사람들이 다리를 오가고 있었습니다. 그래서 '이곳이 한양이다.' 라고 생각한 잇슨보시는 그릇 배에서 내렸습니다.

都には人がたくさんいて、忙しそうにあちこち歩いていました。

도시엔 사람들이 많았으며, 모두 바쁜 듯 이리저리 다니고 있었습니다.

小さな一寸法師にとって、こんでいる道は危ない場所でした。

하지만 작은 잇슨보시에게는, 붐비는 길은 위험한 곳이었습니다.

「つぶされないように気をつけよう。」と思って、一寸法師は町を歩きました。

'밟히지 않도록 조심하자.' 라고 생각하며, 잇슨보시는 시내를 걸어갔습니다.

しずかな道を通って立派なお屋敷の前に出ました。

조용한 길을 지나 잇슨보시는 멋진 저택 앞에 도착했습니다.

そこは大尽の家でした。

그곳은 부잣집이었습니다.

一寸法師は玄関のところまで行って「ごめんください。お願いします。」と呼びました。

잇슨보시는 대문 현관이 있는 곳까지 가서, "아무도 안 계세요? 실례합니다." 라고 사람을 불렀습니다.

すると、誰かがやって来て,「声が聞こえたけど誰もいないな。」と言いました。

그러자, 누군가가 와서는, "소리가 들린 것 같은데 아무도 없는걸." 이라고 말했습니다.

「ここにいます。下駄のそばにいますよ。」と小さな一寸法師が答えました。

"여기 있어요. 나막신 옆에 있어요." 라고 조그만 잇슨보시가 대답했습니다.

その人は下駄の方をのぞいて、そこに見たこともない小さい人間がいたので驚きました。

그 사람은 나막신 쪽을 쳐다보았고 그곳에 여태까지 본적도 없는 조그만 인간이 있음에 크게 놀랐습니다.

そして一寸法師をつまみ上げて、お姫様のところにつれて行きました。

그리곤 잇슨보시를 들어올려, 아가씨가 계신 곳으로 데려갔습니다.

お姫様の前で一寸法師は踊ったり、歌ったりしました。

아가씨의 앞에서 잇슨보시는 춤을 추고, 노래도 불렀습니다.

たいへん上手だったので、みなはびっくりしました。

잇슨보시의 너무나 뛰어난 실력에, 모두들 깜짝 놀랐습니다.

とくにお姫様はその小さな男の子がかわいくて、いつもそばにいてほしくなりました。

특히 아가씨는 그 작은 남자아이가 귀여워, 언제나 자기 곁에 있기를 원했습니다.

一寸法師は大尽の家で生活することになって、本をめくったり、墨をすったりしてお姫様の手伝いをして過ごしました。

그렇게 잇슨보시는 부잣집에서 살게 되었고, 책장을 넘기거나, 먹을 갈거나 하며 아가씨를 도우며 지냈습니다.

針で刀の練習も熱心にしました。

때로는 바늘로 검술의 연습도 열심히 했습니다.

お姫様が出かける時は、いつも一寸法師をつれて行きました。

아가씨는 외출할 때는 언제나 잇슨보시를 데려갔습니다.

ある日、お姫様は清水寺に観音様をお参りに行きました。

어느 날, 아가씨는 기요미즈 절에 관음보살님을 참배하러 갔습니다.

その帰り道で、突然悪い鬼がやって来て、お姫様をおそいました。

그러나 마치고 돌아오는 길에, 갑자기 나쁜 도깨비가 나타나, 아가씨를 습격했습니다.

鬼はお姫様をさらおうとしました。

도깨비는 아가씨를 납치하려고 했습니다.

一寸法師が声を上げて「一寸法師ここにあり。覚悟しろ。」とさけびました。

잇슨보시가 큰 소리로 "잇슨보시가 여기에 있다. 각오하거라." 라고 외쳤습니다.

鬼は一寸法師をつまみ上げ、手の指くらいの男の子を見て、「そんなに小さなおまえに何ができる。このちびめ。」とあざ笑いました。

도깨비는 잇슨보시를 들어올려서, 손가락만한 남자아이를 보고는, "그렇게 조그만 네가 무엇을 할 수 있단 말이냐? 이 꼬맹이 녀석!" 하며 비웃었습니다.

そして、一寸法師を飲み込んでしまいました。

그리곤, 잇슨보시를 삼켜버렸습니다.

でも、鬼のおなかの中で、一寸法師は針の刀であちこちさしながら、上にのぼって行きました。

하지만, 도깨비의 뱃속에서 잇슨보시는 바늘을 칼 삼아 이곳저곳을 쑤시며, 위로 올라가기 시작했습니다.

「いたい、いたい。」と鬼がさけび声を上げましたが、一寸法師は力いっぱいさしつづけて、鬼の鼻から飛び出て来ました。

"아파, 아파." 라며 도깨비가 비명을 질렀지만, 잇슨보시는 있는 힘껏 계속 찔러서, 마침내 도깨비의 코로 탈출했습니다.

鬼は降参して逃げて行きました。

도깨비는 항복을 하고 도망쳐버렸습니다.

お姫様は鬼が落した宝物を拾って、一寸法師にこう言いました。

아가씨는 도깨비가 떨어트리고 간 보물을 주워서, 잇슨보시에게 이렇게 말했습니다.

「これは鬼の宝物で、うちでのこづちというものです。これをふれば、願いが叶うそうですよ。」

"이것은 도깨비의 보물로서, 도깨비방망이라고 한답니다. 이것을 휘두르면, 소원이 이루어진다고 하더군요."

助けられたお姫様は一寸法師に「あなたは何がほしいのですか。」と聞きました。

도움을 받은 아가씨는 잇슨보시에게, "당신은 무엇이 소원인가요?" 라고 물었습니다.

「大きくなりたいです。」と一寸法師が答えました。

잇슨보시는, "커지고 싶어요." 라고 말했습니다.

お姫様は「大きくなれ、大きくなれ。」と言いながらうちでのこづちをふりました。

아가씨가 "커져라, 커져라." 라고 말하면서 도깨비방망이를 휘둘렀습니다.

すると、一寸法師はみるみるうちに大きくなって、立派な若者になりました。

그러자, 잇슨보시는 순식간에 커져서, 멋진 청년이 되었습니다.

そして大尽の家に帰って、お姫様は大きくなった一寸法師のおよめさんになりました。

그리고 부잣집의 자신의 집에 돌아온 아가씨는 커진 잇슨보시의 신부가 되었습니다.

一寸法師はおじいさんとおばあさんを都に呼びよせて、みなは一緒に長く幸せに暮らしました。

잇슨보시는 할아버지와 할머니를 한양에 불러들여 모두 함께 오랜 세월 행복하게 살았답니다.

めでたし、めでたし。

경사로세, 경사로세.

12 과

<ruby>桃太郎<rt>ももたろう</rt></ruby>

모모타로(복숭아도령)

줄거리

일본의 유명한 옛날이야기의 하나로, 복숭아에서 태어난 주인공 모모타로(桃太郎)가 개·원숭이·꿩을 거느리고 「鬼が島(도깨비섬)」로 가서 도깨비를 정벌하고 보물을 받아 가지고 돌아왔다는 이야기이다.

むかし、むかし、ある所におじいさんとおばあさんが住んでいました。

옛날 옛적, 어느 마을에 할아버지와 할머니가 살고 있었습니다.

おじいさんは山へしば刈りに、おばあさんは川へ洗濯に行きました。

할아버지는 산에 나무를 하러, 할머니는 강에 빨래를 하러 갔습니다.

ある日おばあさんが洗濯をしていると, 大きな桃がどんぶらこどんぶらこと流れてきました。

어느 날 할머니가 빨래를 하고 있었는데 커다란 복숭아가 둥실둥실 떠내려 왔습니다.

「なんと大きな桃じゃろう！家に持って帰ろう。」とおばあさんは背中に担いで帰って行きました。

"정말 커다란 복숭아구나! 집에 가져가야지." 라며 할머니는 등에 짊어지고 돌아왔습니다.

161

桃を切ろうとすると、桃から大きな赤ん坊が出てきました。

복숭아를 자르려 하자, 복숭아에서 커다란 아기가 나왔습니다.

「おっとたまげた。」二人は驚いたけれども、とても幸せでした。

"엄마야 깜짝이야." 두 사람은 놀랐지만 매우 행복했습니다.

「何という名前にしましょうか。」

"뭐라고 이름을 지을까요?"

「桃から生まれたから、桃太郎というのはどうだろう。」

"복숭아에서 나왔으니 모모타로라 하는 것은 어때?"

「それがいい。」

"그게 좋겠군요."

桃太郎はあっと言う間に大きくなり、立派な優しい男の子になりました。

모모타로는 눈 깜짝할 새에 커져서 훌륭하고 착한 남자아이가 되었습니다.

ある日のことです。 桃太郎は二人に言いました。

어느 날의 일입니다. 모모타로는 두 사람에게 말했습니다.

「鬼ヶ島に悪い鬼が住んでいると聞きました。」

"도깨비섬에 나쁜 도깨비가 살고 있다고 들었습니다."

「時々村に来て悪いことをするのでみんな困っている。」とおじい
さんが言いました。

"가끔 마을에 나타나 나쁜 짓을 해서 모두 두려워하고 있지." 라고 할아버지가 말했습니다.

「それでは私が行って退治しましょう。おかあさん、きび団子を
作って下さい。」

"그럼 제가 가서 퇴치하겠습니다. 어머니, 수수경단을 만들어 주세요."

おばあさんはとてもおいしい日本一のきび団子を作りました。

할머니는 정말 맛있는 일본최고 수수경단을 만들었습니다.

桃太郎は腰の袋に入れるとさっそく鬼ヶ島に向けて旅立ちました。

모모타로는 그것을 허리주머니에 넣고 즉시 도깨비섬을 향해 떠났습니다.

途中、桃太郎は犬に会いました。

도중에 모모타로는 개를 만났습니다.

「桃太郎さん、袋の中に何が入っているだい。」

"모모타로씨, 주머니 안에 뭐가 들어있나요?"

「日本一のきび団子だよ。」

"일본 최고의 수수경단이 들어있어"

「僕に一つくれればお伴します。」犬は桃太郎から一つ団子をもらい家来になりました。

"저에게 하나 주신다면 함께 하겠습니다." 개는 모모타로에게 한 개의 수수경단을 받고 부하가 되었습니다.

桃太郎と犬が歩いて行くと、猿がやってきました。

모모타로와 개가 걸어가자 원숭이가 나타났습니다.

「桃太郎さん、袋の中に何が入っているんだい。」

"모모타로씨, 주머니 안에 뭐가 들어있나요?"

「日本一のきび団子だよ。」

"일본 최고의 수수경단이 들어있어"

「僕に一つくれればお伴します。」猿は桃太郎から一つ団子をもら

い家来になりました。

"저에게 하나 주신다면 함께 하겠습니다." 원숭이는 모모타로에게 한 개의 수수경단을 받고 부하가

되었습니다.

しばらく行くと、雉が飛んできました。

또 조금 더 가니, 이번에는 꿩이 날아 왔습니다.

「桃太郎さん、袋の中に何が入っているんだい。」

"모모타로씨, 주머니 안에 뭐가 들어있나요?"

「日本一のきび団子だよ。」

"일본최고의 수수경단이 들어있어."

「僕に一つくれればお伴します。」

"저에게 하나 주신다면 함께 하겠습니다."

雉は桃太郎から一つ団子をもらい家来になりました。

꿩은 모모타로에게 한 개의 수수경단을 받고 부하가 되었습니다.

しばらく行くと鬼ケ島が見えてきました。

조금 더 갔더니 도깨비섬이 보이기 시작했습니다.

「あれが鬼ケ島に違いない。」犬が吠えました。

"저것이 도깨비섬이 틀림 없어요." 개가 짖었습니다.

「お城が見える。」猿が叫びました。

"성이 보인다." 원숭이가 외쳤습니다.

「飛んで行って見てきます。」雉が鳴きました。

"날아가서 보고 올게요." 꿩이 울었습니다.

鬼ケ島に着くと、お城の門の前に、大きな鬼が立っていました。

도깨비섬에 도착하자 성문 앞에 큰 도깨비가 서있었습니다.

桃太郎は大きな石を掴むと鬼に向かって投げました。

모모타로는 큰 돌을 집어 도깨비를 향해 던졌습니다.

猿は門に登り鍵を開けました。雉は鬼の目をつつきました。

원숭이는 문을 타고 올라가 자물쇠를 열었습니다. 꿩은 도깨비의 눈을 콕콕 찔렀습니다.

「こりあ<ruby>参<rt>まい</rt></ruby>った。」<ruby>鬼<rt>おに</rt></ruby>は<ruby>逃<rt>に</rt></ruby>げて<ruby>行<rt>い</rt></ruby>きました。

"내가 졌다." 도깨비는 도망갔습니다.

「<ruby>助<rt>たす</rt></ruby>けてくれ。」とお<ruby>城<rt>しろ</rt></ruby>から<ruby>沢山<rt>たくさん</rt></ruby>の<ruby>鬼<rt>おに</rt></ruby>が<ruby>出<rt>で</rt></ruby>てきました。

"살려줘." 라고 외치며 성에서 많은 도깨비들이 나왔습니다.

ついに<ruby>大<rt>おお</rt></ruby>きな<ruby>鬼<rt>おに</rt></ruby>が<ruby>出<rt>で</rt></ruby>てきました。

마침내 큰 도깨비가 나왔습니다.

「<ruby>生意気<rt>なまいき</rt></ruby>な<ruby>小僧<rt>こぞう</rt></ruby>。<ruby>俺様<rt>おれさま</rt></ruby>が<ruby>懲<rt>こ</rt></ruby>らしめてやる。」<ruby>大<rt>おお</rt></ruby>きな<ruby>鉄棒<rt>てっぽう</rt></ruby>を<ruby>振<rt>ふ</rt></ruby>り<ruby>回<rt>まわ</rt></ruby>しながら<ruby>言<rt>い</rt></ruby>いました。

"건방진 녀석. 내가 혼내주지." 도깨비는 커다란 철봉을 휘두르며 말했습니다.

「あなたがかしらですか。」と<ruby>言<rt></rt></ruby>うと桃太郎はすばやく<ruby>鉄棒<rt>てっぽう</rt></ruby>の<ruby>上<rt>うえ</rt></ruby>に<ruby>飛<rt>と</rt></ruby>び<ruby>乗<rt>の</rt></ruby>りました。

"당신이 우두머리입니까?" 라고 말하자마자 모모타로는 재빠르게 철봉 위에 올라탔습니다.

「<ruby>悪<rt>わる</rt></ruby>い<ruby>鬼<rt>おに</rt></ruby>、<ruby>村人<rt>むらびと</rt></ruby>に<ruby>悪<rt>わる</rt></ruby>いことをしたからには<ruby>許<rt>ゆる</rt></ruby>せない。<ruby>私<rt>わたし</rt></ruby>のこぶしを<ruby>受<rt>う</rt></ruby>けてみろ。」

"나쁜 도깨비, 마을사람들에게 나쁜 짓을 했으니 용서할 수 없다. 나의 주먹을 받아봐라."

「アイタタ、ごめん。ごめん。許してくれ。降参だ。」

"아 아파. 미안, 미안. 용서해줘. 항복이야."

「本当に約束するか。」

"정말 약속하는 거지?"

「約束する。嘘はつきません。宝物をやります。」

"약속합니다. 거짓말은 하지 않아요. 보물을 드릴게요."

桃太郎はお城の金や銀や織物や、荷車一杯の宝物を手に入れました。

모모타로는 성의 금, 은, 직물 등 짐수레 가득 보물을 손에 넣었습니다.

とても素晴らしい一日でした。

정말 대단한 하루였습니다.

| 지은이 소개 |

김태광(金泰光)

* 경동대학교 교수
* 일본문부성 국비장학생
* 일본국립 고베대학교 대학원 일문학과 석사, 박사
* Doctor of Philosophy

구니사다 유타카

* 경동대학교 교수
* 일본 국립 에히메대학교 졸업
* 가톨릭관동대학교 교육대학원 일어교육과 석사

비전
Vision 일본어(하)

2015년 8월 15일 초판 1쇄 발행
2021년 8월 20일 초판 3쇄 발행

지은이 김태광 · 구니사다 유타카
펴낸이 진욱상
펴낸곳 백산출판사
교 정 편집부
본문디자인 편집부
표지디자인 오정은

저자와의
합의하에
인지첩부
생략

등 록 1974년 1월 9일 제406-1974-000001호
주 소 경기도 파주시 회동길 370(백산빌딩 3층)
전 화 02-914-1621(代)
팩 스 031-955-9911
이메일 edit@ibaeksan.kr
홈페이지 www.ibaeksan.kr

ISBN 979-11-5763-086-8 93730
값 12,000원